アジアを読む

張　競

みすず書房

目　次

Ⅰ　一九九八年

Ⅱ　一九九九年

Ⅲ　二〇〇〇年

Ⅳ　二〇〇一年

Ⅷ　二〇〇五年

I　一九九八年

2・ 7　第18回冬季オリンピック長野大会開会.
2・25　金大中が韓国大統領に就任.
3・ 6　インドネシアの通貨ルピアの下落による経済危機の対策として予定されていたIMFの第2次融資約30億ドルの実施が4月以降に延期.
3・19　中国第9期全人代第1回会議は国家主席に江沢民を再選，副主席に胡錦濤，全人代委員長に李鵬，新首相に朱鎔基を選出.
3・19　インド人民党のアタル・ビハリ・バジパイが第14代首相に就任.
6・11　インドが地下核実験を実施．2日後，米国は対印制裁措置を発動．日本も同日に制裁措置を発表.
6・21　インドネシア首都ジャカルタの暴動が拡大した事態を受け，スハルト大統領が辞任し，ハビビ副大統領が就任.
6・28　パキスタンが核実験を強行．同日，米国が制裁発動を発表．日本も追随.
6・30　ジョセフ・エストラダがフィリピン大統領に就任.
7・12　参院選で自民党が惨敗．翌日，橋本首相が退陣表明.
7・25　和歌山市園部の夏祭りで，毒カレー事件が発生．4人が死亡.
7・30　小渕内閣が発足.
8・17　クリントン米大統領は「不適切な関係」と，元ホワイトハウス実習生ルウィンスキとの不倫を認める.
10・27　ドイツ連邦議会では社会民主党のシュレーダーが首相に選出.
11・ 7　向井千秋さんが乗った「ディスカバリー」はケネディ宇宙センターに無事帰還.

一九九八年はいまから八年前のことであるが、何か遠い昔のような気もしている。現代社会では時間の流れが速く感じるのも理由の一つだが、アメリカで起きた同時多発テロが一つの分岐点となった。世紀の変わり目は、二〇〇〇年十二月三十一日というよりも、二〇〇一年九月十一日というのが実感に近い。

日本国内ではバブル崩壊の後遺症で、年間を通してマイナス成長となり、戦後最悪の不況が続いた。「ブリッジバンク」「ノンバンク」「金融ビッグバン」など、いまやほとんど死語になった言葉がメディアを賑わしていた。八年ぶりに振り返って、隔世の感があった。

アジアでは前の年にタイで起きた通貨危機がいっそう深刻化し、一月に一ドルが五十六バーツの為替相場を記録した。その影響はタイに止まらず、東南アジアのほかの国にも及ぼした。東アジアでは韓国経済の破綻により、広い地域において経済が混乱した。新聞、雑誌、テレビなどでは周辺国の経済を心配する声は絶えなかった。

出版界ではアジア関連の書物が多く刊行されるようになった。自分も無意識のうちにその方面に目を惹かれたのかもしれない。しかし、社会全体を見ると、アジアに対する関心はまだごく限られた範囲内に止まっており、しかも、ほとんどの場合、当面の経済問題に集中していた。

その年のベストセラー一位は五木寛之『大河の一滴』(幻冬舎)。三位のフランチェスコ・アルベローニ『他人をほめる人、けなす人』(草思社)や、十八位の郷ひろみ『ダディ』(幻冬舎)も話題となった。

待ち望んでいた事典がついに出た　『中国歴史文化事典』（孟慶遠、李敏、鄭一奇、夏松凉・編著）

前々からこのような事典がほしかった。この書物は歴史文化事典というスタイルだが、内容の構成からいうとむしろ学芸辞典に近い。文学、歴史、芸術、宗教、民俗など約五千五百の項目が収められており、年代は先史時代から辛亥革命（一九一一年）にいたる。取り上げる範囲の広さが本書の特徴。歴史人物はもちろん、租税制度、歴代の行政区画の名称、古典演劇の用語、さらには嫦娥《じょうが》や鍾馗《しょうき》など神話や伝説中の人物にいたるまで、内容は多岐にわたる。なによりもさいころ、すごろくのような古代の遊戯が取り上げられているところはありがたい。中型の事典ながら、かなり充実した内容である。調べることに使えるだけでなく、読み物としても気軽に楽しめる。中国関係の専門家には便利な参考書で、大学生や院生さらにはビジネスマンたちにとっても中国文化を知る上で役に立つ一冊である。

仕事柄ふだん中国の文芸や歴史について調べたり、確認したりすることは多い。しかし手頃な事典はなかった。日本だけでなく、中国でもそのたぐいの辞書は編纂《へんさん》されたことはない。むろん一次資料に直接当たればよいが、専門外の分野、たとえば古代の占いや暦法などについてもいちいち原典で確認するとなると、やはり不便である。

　ここ数年、文学、歴史や宗教に関する事典は中国、台湾や香港で多く編纂されるようになった。詩歌辞典や老荘辞典のような専門辞典も登場している。ただ、それらはいずれも近代的な学問分類の思考法にもとづいて編まれているため、専門をまたがる事物は往々にして漏れている。また、項目の選択から解説文まで煩雑になるのも難点である。

　古代中国の学問体系は近代西洋の分類方法では収まりきれない部分が多い。そもそも中国では文学と歴史との境界線ははっきりしておらず、書かれたものがすべて「文」として捉えられていた。古い書誌学では分類者の主観的な価値判断が尊重されているから、本質を定義し、それにもとづき区別する基準を設ける必要はなかった。たとえば『隋書』の「経籍志」から始まった図書分類では、書物が「経、史、子、集」の四大類別に分けられていた。「経」は儒学の経典、「史」は歴史と地理、「子」は老子、荀子などの諸子類、「集」は詩文集を意味している。しかしそれは内容の性質による分け方ではなく、著者の知的序列を優先した分類法である。だから、『論語』や『孟子』は「経」に入れられたのに、同じ儒学者の著作でも、『荀子』は子の部類に入る。また歴史問題を論じる書物はそれぞれがちがう類別のなかに入れられることもある。

　この意味では古代中国において学問の対象は「分類」されるのではなく、すべてが上下でつながるように「排列」されていたのである。もっとも性質の近いものが隣接になるだけでなく、評価の近い著述が同等に排列されている。違う類別のあいだには超えられない境界はなく、全体として連続している。そのような分類法は清末まで続いており、思考体系の形成に圧倒的な影響を与えている。学問の方法としてよいか悪いかは別として、中国文化がそのような思考体系のもとでできあがったことは疑えない。近代に入ってから、そのような学問体系は前近代的として否定され、近代西洋の分類方法によって再編された。研究方法の近代化によって、それまで顧みられなかった側面に光が当てられるようになったのはたしかである。一方、切り落とされたものも少なくない。近代以前の思考法や分類法を完全に無視すると、中国文化を立体的に把握することはできない。その意味では専門を超えた本書の編纂方法は、結果として中国文化を横断的に捉え直すことになり、従来の専門別の辞書の不足を補ったといえる。

巻末には原書にない付録がついており、なかでも歴代の地図は中国文化のダイナミックな変化を知る上で一助となる。分野別索引は「文学」、「芸術」、「文化」と「歴史」に分けられ、その下にさらに二十九の下位項目が立てられている。本書を生かす上では欠かせないものだ。「人名索引」とあわせて使うとさらに便利になる。

気になることは一つだけある。日本語では通じにくい直訳である。たとえば「文体規則」は一般読者にはわかりにくいから、「詩文の様式」と意訳した方がいいのではないだろうか。また、中国語の「公元」は「紀元」という意味だから、「紀元」という項目がある以上、「公元」は最初から見出し語からはずしてもいいのかもしれない。

同僚の先生が作った英語の試験問題にrelationshipという単語が出たが、ある学生が「連絡船」と訳した。これが現在の一部の大学生の語学力である。その点では中国語を第一外国語に選んだ学生も大差はない。彼らのためにもなるべくわかりやすくした方がいいと思う。

（小島晋治、立間祥介、丸山松幸訳　新潮社・九九七五円）

興味深い使節たちのラブストーリー　『唐から見た遣唐使』(王勇著)

奈良平安時代に日本の遣唐使や留学僧が中国に渡って学問を修めた。約千年余りの後、逆の現象が起きた。明治時代から今日に至るまで、中国から多くの若者が日本に留学した。いまその遣唐使の歴史について、かつて日本に留学した一人の中国人学者によって書かれた。

舒明天皇二年(六三〇年)に第一回の遣唐使が長安に遣わされてから、寛平六年(八九四年)まで日本の使節たちは二十回ほど中国大陸を訪れた。日中文化交流史の重要なテーマとしてこれまで多くの研究がなされてきたが、本書では違う視点がもうけられた。遣唐使たちの公人としての活動だけでなく、彼らの日常生活、とりわけ中国女性との恋や婚姻に焦点が当てられた。

海上交通がまだはなはだ不便な当時、遣唐使たちは長年異国での生活を余儀なくされた。若かった彼らは当然異性に出会い、恋もしたであろう。なかには現地の女性と結婚し、子供をもうけた人もいた。遣唐使と中国女性のあいだに生まれた子供たちはバイリンガルの語学力を生かし、成人してからさまざまな形で日中文化の交流に貢献した。彼らはあるいは日本の外交使節として中国に派遣され、あるいは中国に残り日本と唐の橋渡しに尽力した。著者は二百年を越える遣唐使の歴史のなかから、いわゆる「血の交流」にかかわる人物を取り上げ、その私生活を追跡した。周到な考証と大胆な推理によって、遣唐使たちの青春像を興味深く再現した。とりわけ秦朝慶、秦朝元兄弟、羽栗翼、羽栗翔や藤原清河と中国女性のあいだに生まれた喜娘など、日中のあいだに生まれた「混血児」たちの生い立ちや活躍についての論述は面白い。

長安では晁卿の名で知られた阿倍仲麻呂は都合五十年以上も中国で過ごし、科挙の試験に合格した。官位は安南節度使に至り、いまでいうと広州部隊総司令官に相当するであろう。李白や王維など唐の大詩人たちとの交友関係はよく知られているが、プライベートな生活については謎に包まれたままである。著者は『続日本紀』などの記録にもとづき、阿倍仲麻呂は唐の女性と結婚し、子供を残したと推論した。

阿倍仲麻呂の付き人で、十七年間も中国に滞在していた羽栗吉麻呂は長安に到着した翌年に唐の女性と結婚した。やがて二人のあいだに長男・翼と次男・翔の二人が生まれた。翼と翔は父親に連れられて日本に帰り、官吏に登用された。羽栗翼は五十七歳のときに遣唐准判官として唐に派遣された。

玄宗は在野したときから日本の僧侶・弁正と深い親交があった。クーデターを起こし、皇帝に即位してからも、しばしば弁正と碁の対局をしていた。弁正は還俗《げんぞく》してから中国の女性と結婚し、二人の男の子をもうけた。次男である秦朝元は日本に帰国し、後に遣唐使として再び長安を訪れた。

遣唐使の問題をたんに日本の歴史としてだけでなく、東アジア文明圏のなかにおいて検証するのは貴重な視点である。学術の問題を論じながら、専門書の難解さはない。たんに文献を並べるのではなく、『宇治拾遺物語』から井上靖の小説まで引用する柔軟さは本書を読ませるものにした。一般読者にもわかりやすいように工夫したところは素直にほめたい。

（講談社選書メチエ・一六八〇円）

多民族共生を多角的に解き明かす『民族で読む中国』(可児弘明ほか編著)

古本書の十円本コーナーで、十五年ほどまえに出版された中国論の本を見つけた。現在についての予測はなに一つ当たっていない。時事問題を扱う書物の宿命だが、こと現代中国の政治、経済に関するものは寿命は短い。

本書は将来を予言するたぐいのものではない。「民族」という中国の最大の難題について詳しい調査にもとづき、綿密な分析が行われた。

漢民族を含めて、五十六もの民族が共生している中国では民族問題は想像以上に複雑である。五十六という民族の数も中国政府が一九五〇年代から実施した「民族識別」によって生まれたものだ。その意味では、「少数民族」の現状はスターリンの民族理論の影響と無関係ではない。民族を識別する作業は現在なお進行中であり、識別されていない人口はまだ七十四万人ほどいる。民族帰属が曖昧《あいまい》な場合、原則として自己申告が尊重されるから、いまでもさまざまな理由で所属する「民族」を変える人がいる。

もともと中国に「民族」という言葉も概念もなかった。一八六六年に出版されたロプシャイト編集の『英華字典』に、nationには適切な訳語が見つからず、編者は苦労の末「民」という言葉に直した。古代中国で服飾や生活習慣の異なる人間集団が蛮、夷、戎、狄と称されていたのは、「内」と「外」の区別であり、また文明度にもとづく判断でもある。「華」と「夷」のあいだに越えられない溝はない。儒学文化さえ受け入れれば「夷」はいつでも「華」に変わることが可能だ。

近代西洋から来た「民族」という概念を無理に中国に当てはめるのではなく、歴史の過程におけるエスニック・グループの形成、移住ないし再編を丹念に検証するのが本書の特色である。第一章「漢族と少数民族」では少数民族の習俗だけでなく、民族移動、祖先移住伝承や民族関係に焦点が当てられた。なかでもチワン族やショオ族の、漢民族の子孫であるという伝承について論述は興味深い。「屯堡人」のアイデンティティについての考察も示唆に富む。鳥居龍蔵もかつて実地調査した「屯堡人」は、明代に貴州省西部に派遣された軍隊の末裔《まつえい》であった。現地に留まったために、清代には少数民族と見なされ、差別を受けたが、民国になるとまた漢民族として扱われるようになった。のちに「屯堡人」は、漢民族として申告したグループと、少数民族として認定されたグループにわかれた。民族の流動性とアイデンティティの恣意性を示す好例である。

多数民族である漢族が海外に移住すると、立場が逆転し、マイノリティになってしまう。第二章「華僑・華人・同胞」ではハワイ、北ボルネオ、タイ、オーストラリアの華人だけでなく、香港人のアイデンティティをも少数民族問題との関連で検討されている。

エスニック・グループの視点から中国を考えるのと対照的に、台湾のエスノナショナリズム、民族間の経済格差、および中国共産党の民族政策の変遷をまとめた最終章は国家というマクロの視点から民族問題を逆に照射する。共生が唯一の道であるにもかかわらず、国家意志が必ずしも多民族共生にプラスに働くとは限らない。共同研究の成果をまとめた書物の性格上、学術論文のスタイルになっているが、一般書としても読めるのがありがたい。民族問題を語る前に読んでおくべき一冊である。

（朝日選書・一九九五円）

風習から思考様式の変容を読む　『纏足《てんそく》をほどいた女たち』（夏暁虹著）

美意識は不思議なものだ。化粧法や身体加工はどんなに一世を風靡しても、あるきっかけで一瞬のうちに忘れ去られてしまう。子どもの頃、纏足の話になると、母はいつもまるではるか昔の歴史のように語っていた。母が生まれたのは辛亥革命からわずか数年の後。十年でも早く生まれたら、纏足をさせられたであろう。にもかかわらず、一世代の時間だけで、纏足は中国文化から完全に追放された。

纏足については日本でもかなり研究が進んでいる。布の巻き方、足の外形や骨の変形などについてこれまで詳細な調査が行われていた。しかし纏足がほどかれてからどうなるかは、まだ誰も触れていない。本書によると、纏足をほどくとき、まず酢入りのお湯で足を洗い、足を巻く布をゆるめることからはじまるという。七日で一尺ずつ布を切り、一月《ひと》で完全にほどいてしまう。纏足がほどかれても、履く靴はない。そこで、不纏足の靴が生産販売され、新聞に広告が掲載されるまでにいたった。

本書は纏足だけを取り上げたのではない。原書のタイトルは『清末中国文人の女性観』。儒学者だった読書人が近代知識人へと生まれ変わる過程のなかで、女性運動はどのように展開され、女性解放の言論がいかに形成されたかを検証するのが狙いである。だから、纏足がほどかれてから、身体的ないし心理的にどのような変化が生じたかについて社会学あるいは生理学の角度から調べたわけではない。纏足という陋習《ろうしゅう》をあらためるために、文人や女性たちがさまざまな抑圧と戦った歴史に焦点が当てられた。

纏足がほどかれるに従って、女学校や女性団体が創設され、さらに女性メディアも誕生した。その結果、より多くの女性が纏足から解放されるようになった。その過程を明らかにするために、緻密で辛抱強い調査が行われた。短い引用や何気ない一行にもたいへんな労力と時間が費やされたであろう。なかにははじめて発見された資料も少なくない。

日本でも同じだが、女性解放の言論はまず男性によって作られた。清末の文人たちが男女平等を唱えたのは、必ずしも女性解放だけが目的ではない。女性観は「近代」的意識と「前近代」的意識を区別する試金石で、男女平等を認めるかどうかは「近代人」の指標の一つとして見られていたからだ。そもそも女権尊重を唱えること自体、文人たちの特権的な行為であった。彼らが女性解放を唱導したのは女性のためというより、むしろ「近代人」への脱皮を目指したためだと言えよう。

纏足の変遷にはいくつもの示唆に富む問題が隠されている。清が誕生した頃、満州族の支配者は漢民族の男性に弁髪を強要したと同時に、女性の纏足をも禁止した。男たちは反発しながらも弁髪を受け入れたのに、女性たちは最後まで抵抗した。だが、西洋思想が入ると、纏足の牙城はいとも簡単に崩壊してしまった。そこにはたんに進歩が保守に勝つという構図では解けない秘密が隠されている。

近代化の過程のなかで、女性が本当の意味で解放されたというよりも、むしろ近代の諸制度によって新たに束縛されたというべきであろう。ただ、美しい言説や幻想に隠蔽されたため、人々が気付かなかっただけだ。纏足がほどかれていく過程は、清末の文人たちがキリスト教に起源を持つ近代合理主義によって、思想的に纏足をされていった歴史として読めるのがきわめて興味深い。

(藤井省三監修・清水賢一郎・星野幸代訳　朝日選書・一四七〇円)

常識をくつがえす映画史の入門書　『映画史への招待』（四方田犬彦著）

新聞を開いて読むと、四十五年の歴史を持つ銀座「並木座」が閉館するニュースが目に飛び込んできた。昨年、池袋の「文芸座」に続く名画座の閉業である。理由はともかくとして、文化のピラミッドから転落した映画の将来を象徴するような出来事であった。

こんなときに本書に出合うのは幸福といえるかもしれない。これまで映画史を読むと、つねに過剰な芸能情報と監督や名優リストの長さに悩まされる。この本にはそういった煩わしさはいっさいない。というより、最初から従来の映画史を批判の射程において書かれている。

そもそも歴史はわれわれにとって「実在」した事象の連鎖というより、頭脳のなかで作り上げた想像の秩序に過ぎない。にもかかわらず、人々はあたかも歴史のすべてに因果関係が遍在しているかのように過去の出来事について語りたがる。いっとき現代のハイテクを江戸の思考力と関連づける言説が流行っていたが、突きつめれば同じ発想の産物なのかもしれない。本書は映画分野を対象にそうした誤謬《ごびゅう》を指摘し、痛烈な批判を加えている。

その意味では映画の名作や監督名を編年史的に羅列する「映画史」を期待する読者は失望するであ

ろう。ここには教科書的な押しつけがましさはない。表象体系の諸問題を文化史の地層まで掘り下げ、映画だけでなく、文学、歴史やカルチュラル・スタディーズなど隣接する学問にとっても刺激に富む論考を展開している。

著者はまず歴史、国家、時代意識と観衆の誕生といった視角を設け、誕生して百年になったこの映像芸術の歴史をいかに再構築すべきかについて、新旧の作品を分析しながらわかりやすく示してくれた。われわれが映画を見るとき、いかにハリウッドの文法に思考が束縛されたか、あらためて思い知らされた。

欧米中心の映画史観から脱却するために、歴史学の眼鏡をそのまま当てはめるべきではない。映画テクノロジーの発展史、フィルムの手法の変遷史、映画興行史など、複数の映画史を構築しなければならない、と著者は主張する。十二のテーマによる映画史の叙述は著者の理論を証明するのに充分であろう。映像技術、サイレントとトーキー、伝統演劇ならともかく、夢、恐怖、ファシズムなども映画史のキーワードとして取り上げること自体、ユニークな発想である。歴史がたんなる事象の記録の集積ではなく、ある共同体が集団的なアイデンティティーを確立するために、物語の形式を取った認識活動だ、とする指摘は映画史をはるかに越えて重要な意味を持つ。哲学的思考の奥深さがあるからこそ、通俗的な表象体系の本質を見事に分析することができたのであろう。鋭い洞察力、論理的な分析力、優れた批評眼および華麗なレトリック戦術は、この新しい映画史の構想を説得力のあるものにした。

だが、読み終わってはっと気付いたことは一つある。映画の「言葉」についての論述は欠落している。著者の得意とする分野なのに、なぜか触れられていない。ここでいう「言葉」とは巻末の「用語集」に収められた映画評ではない。誰しも映画のなかの名せりふを一つや二つは覚えているであろう。文学テクストとしてのせりふ、脚本と原作の関係。こうした映画と言葉の歴史についての論考を、今後ぜひ期待したい。

（岩波書店・二七三〇円）

言語の境界を越えた語りを追いかける　『台湾文学この百年』（藤井省三著）

台湾は大陸と異なる近代文学の伝統を持っている。大陸の現代文学は魯迅をはじめとする作家たちを継承した上で形成されたのに対し、台湾ではつい最近まで魯迅や茅盾の作品は禁書とされていた。むろん、だからといってすべての関係が断ち切られたわけではない。たとえば胡適や新月派の文学思想と表現傾向はちゃんと引き継がれている。だが、台湾の現代文学は大陸と異なる初期条件のもとで出発したのも事実である。いったい台湾の近代文学のルーツはどこにあるのか。魯迅や胡適からはじまる新文学ではなく、植民地時代の日本語文学にまでさかのぼって検証するのが本書の特徴である。

この百年来の台湾文学について、著者は三部に分けて論じている。第一部では一八九五年の日本割譲から今日までの台湾文学の輪郭を描き出し、第二部では植民地時代、国民党時代と民主化が進んだ現在における代表的な作家と作品を取り上げ具体的な論考を行なった。全体と部分からのアプローチを通して、作品のなかに隠された「台湾意識」を読み出そうとしている。第三部は書評と作品紹介を再録したもので、それぞれ違う角度から多彩な台湾の現代文学に光を当てた。網羅的な「文学史」ではないが、入門書としては簡潔にまとめられている。最後に収録された「活性化する台湾文学研究」

は近年来、日本における研究の動向を知る上でも非常に役に立つ。

そもそも台湾はクレオール文化を考える上で興味深い「場」である。というのも一八九五年以来、約百年のあいだ台湾は前後二度にわたって公用語の変更を経験したからだ。一つはいうまでもなく植民地時代の日本語で、もう一つは戦後、北京語への切替である。

日本統治下の台湾におけるクレオール文学の担い手は二種類に分けられる。台湾で生まれ育った日本人と、日本語を強要された台湾人である。西川満が佐藤春夫と違うのは、後者は偶然の旅人であるのに対し、台湾で育った西川満はクレオールを代表する作家である。彼は周金波《しゅうきんぱ》、呂赫若《ろかくじゃく》、王昶雄《おうちょうゆう》、陳火泉《ちんかせん》らとのあいだに、植民地育ちの日本人作家と、日本語を使って小説を書く現地人という違いがある。とはいえ、ともにクレオール文学を築いた点では共通している。

著者は本書で地政学の基準で作品の再分類を試みた。その結果、いままでと異なる文学風景が目のまえに繰り広げられた。そこにはたとえば佐藤春夫「女誡扇綺譚」は植民地時代の台湾人作家周金波「水癌」(壊疽性口内炎という意味)「志願兵」などの小説や、中国語の文芸誌とともに、台湾文学として論じられている。このような新しい試みを通して、使用言語も異なり文化背景も異なる作品群は「台湾文学」という名のもとで包摂されるようになった。

その試みによって、日本以外の地域で書かれた日本語文学に対し、「異郷における日本文学」と異なる視点と批評を提供することが可能になった。それだけでなく、植民地時代の台湾人による日本語の創作をもすくい上げることができた。なぜなら、後者の作品は宗主国の文学でも、植民地の文学でも扱いきれないからだ。とりわけ戦後には、旧植民地時代に宗主国の言葉を使用した作家たちはほとんど例外なく国賊扱いされていたから、彼らの作品も長いあいだ顧みられることはなかった。

文学伝統の形成ならびに継承という角度から考えると、佐藤春夫を西川満、呂赫若や周金波と同じ地平で論じる根拠はどこにあるのか、またこのような再排列は果たして文学批評に新しいスペクトルを浮上させるのか、といった問題はたしかにある。ましてや植民地時代の台湾で書かれ、あるいは台湾に関する日本語の作品群を一つのコンテクストとした上、戦後の台湾文学、たとえば李昂「夫殺し」や瓊瑤《けいよう》の通俗小説をもその延長として論じることの妥当性については、あらためて検証する必要があるかもしれない。著者もそのことを十分承知しているであろう。だが、そのまえに一度地政学の見地から従来の文学史を吟味し直すのもやはり不可欠な手続きであり、十分評価すべき試みであろう。

われわれは一国文学の視点から作品を読むことに慣れ過ぎたかもしれない。詩歌や小説をまえにしたとき、読者はつねにある特定の国の文学、という前提のもとで読書行為に入る。だが、分類できない作品もたしかにある。ほんらい小説は必ずしも「国民文学」としてしか消費されるとはかぎらない。今日のような情報化が進んだ社会はいうまでもなく、クレオール文学の場合もそうである。国民文学の枠内において考察するよりも、むしろどちらにも所属しない境界に追い込まれるときの不安定さ、あるいは越境によってもたらされた居心地の悪さを究明した方がかえってクレオール文学の真の姿に迫ることができるのではないかと思う。

（東方選書・一六八〇円）

漂流する魂に捧げるレクイエム　『龍秘御天歌』（村田喜代子）

現実と虚構の関係が新たに問われている。日常の退屈さに抗うにしても、現実の足にへばりつくにしても、これまで小説はずっと事実との距離で評価されてきた。文学が惰性的な軌道から抜け出し、現実を凌駕する想像力をいかに再構築するかが問われる時代に来ている。歴史の大河にこぼれ落ちた文化意識の断片を空想の網ですくい上げようとする本書は、示唆に富む挑戦を示してくれた。

時は徳川家綱の世。朝鮮からの渡来陶工である十兵衛が亡くなり、葬式をめぐって大騒動が起きた。十兵衛の未亡人百婆は朝鮮の葬式慣習に従い、夫の遺体を土葬にしようとしたが、村中の反対にあった。渡来人とはいえすでに共同体の一員。土地の習俗に従うのは村人の義務である。さもないと家族が村八分にされるだけでなく、窯の存続すら危うくなる。一族の将来を憂慮する長男の十蔵でさえ、強情な母親と衝突した。孤軍奮闘するひとりの老婦人はあらゆる手を使って、夫の魂を故郷に送り返そうと必死になっている。

この小説はたんに歴史の襞《ひだ》に隠された情緒の彷徨に光をあて、共同体の記憶の傷を癒そうとしたのではない。文化衝突／融合の歴史的古層を空想のなかで旅することを通して、トランスカルチュラルな状況にある現在を逆照射し、われわれの文化意識について問いなおすものである。

　民族の境界を越えたとき、誰もがよそ者として不可避的に疎外の危機にさらされる。しかし彼らが新旧双方の共同体から排除されるだけではない。共同体も同時に越境者の暴力にさらされている。後者をポストモダン的な状況に置換して考えると、たしかにこれまで誰も気付かなかった「現在的」問題である。

　とはいっても、この小説を思想のアナロジーとして読むつもりはまったくない。綿密に練られた物語の構成と巧みな語りは、この作品を興味深いものにした。百婆が周到な計画を立てて荼毘《だび》所で十兵衛の遺体をすり替えようとするあたりから、ストーリーは一気に手に汗を握る展開となる。日本式の葬式が終わったあと、盗み出した遺体を担ぎ朝鮮の葬式をはじめた隊列は隣の村人に発見される。棺を開けて調べようとする僧侶が、必死に棺を守る百婆と対峙した。ここから物語は急転直下する。二つの文化の衝突が世代の断絶として表象されたところは手が込んでいて面白い。

　この作家は幻想的な物語の語り手として優れた才能に恵まれている。本書は従来の作風とひと味違うが、ストーリーの結末をけっして読者に予想させない点においては変りはない。というより、技巧がいっそう円熟した。サスペンスよりもスリルを感じさせるのはそのためであろう。星がきらめく初夏の夜、一人で味読したい一冊である。


（文春文庫・五五〇円）

幽霊はいかに人とつきあってきたか　『鬼趣談義――中国幽鬼の世界』（澤田瑞穂著）

中国語の「鬼」とは「幽霊」のこと。いま風に言えば「霊」になる。「鬼」は中国でも特殊な文化的意味合いを持つ。日本語の「霊」のような恐ろしいイメージもあるが、一方、まるっきり逆のニュアンスでも使われている。一部の方言では女性が閨房のなかで愛する男のことを「死鬼」と呼ぶこともあるし、可愛い子供のことは「小鬼」と呼ばれることもある。

「鬼」は自己現象学の用語でもある。魯迅は「自分の心に鬼がいるようだ」と書いたことがあるが、その言葉には自意識に対する省察が含まれている。「鬼」は場合によって自分が見た自分であり、他人の心に映った自分でもある。また、自己嫌悪の意味で用いられることや、あるいは自分を過剰に意識することをいうこともある。

先秦時代の書物にすでに「鬼」という言葉が出てきており、六朝から「鬼」の物語は多く書かれるようになった。仏教が入ってから、「鬼」のイメージが変容したが、それでも世俗の世界では従来の「鬼」の威力がなおも衰えていない。現代でも「鬼」はしばしば語られている。だが「鬼」とはなにかについては、誰も明瞭に説明できなかった。

数えきれないほどの「鬼」の物語を集め、その容貌や体型から、行動パターン、手口や弱みなどを分類して詳説したのが本書である。管見によると、中国でも幽霊について、これほど網羅した書物はない。

引用した資料の豊富さには驚くべきものがある。小説、稗史、随筆はもちろん、民間の伝説や雑誌、新聞記事まで取り上げられている。古代にかぎらず、一九六〇年代の出版物にも目が行き届いている。著者の手際よい整理によって、幽霊たちの活動が生き生きと再現された。

幽霊は「生き物」である以上、その生態も人間と変わらないほど複雑である。身代わりを取るために人に危害を加える霊もいれば、借金を取り返すために人につきまとう霊もいる。また、生前の無実を訴え、加害者に復讐するために姿を現す霊もいる。霊は一方的に人間を脅かし、危害を加えるとは限らない。人間が霊を騙《だま》し、あるいは霊をいじめることもある。人間と霊とのさまざまな駆け引きはいくら読んでも興味が尽きない。

日本の怪談との比較もおもしろい。日本の髪梳《す》き幽霊は殺される前に髪を梳き、毒殺されたために髪の毛が抜けて醜い容貌になったのに対し、中国の髪梳き幽霊は自分の頭を取り外して卓上において髪を梳いているのが特徴である。また、中国の幽霊は行動パターンが日本のキツネとよく似たところがある。野外で幽霊と出会った剛胆な男は、はじめから相手のことを霊だとはわかっても、まったくひるまない。逆に馬に乗せて家につれ帰り、火で焼いて正体をあばく。このような説話は日本の「叺狐《かますきつね》」「八化け頭巾」などにかなり近いという。

日本の学校怪談もそうだが、中国の幽霊も時代とともに進歩する。清末になると、なんと幽霊はアヘンを吸い始めたという。どうやら、あの世でも中国はイギリスにやられていたらしい。経済開放のあと、怪談はしだいに聞かなくなった。幽霊たちも血眼になって金儲けに走って、人間のことを構っていられなくなったのかもしれない。今頃はきっと携帯電話を持ち歩き、パソコンを使っているであろう。今夜、あなたの家へウィンドウズのソフトを盗みにいくかもしれない。くれぐれもご用心を。

（中公文庫・一二〇〇円）

生きる緻密な構成と見事な細部描写　『翔《と》べ麒麟《きりん》』（辻原登著）

その奔放な想像力には驚いた。

七五七年、長安から西へ七十キロほどの馬嵬駅《ばかいえき》。安史の乱はここでいよいよ終局を迎えようとしている。戦乱をひきおこした張本人の楊国忠が殺されたが、将校たちはさらに楊貴妃の処刑を玄宗皇帝にせまった。この歴史的瞬間に一人の日本人が立ち会った。否、作家が立ち会わせた。その人こそ秘書監や衛尉卿《えいいけい》などの要職についた朝衡——阿倍仲麻呂である。彼は長安を脱出した玄宗皇帝に随行し、権力の中枢で重要な決断に加わっていた。楊貴妃の処置についても玄宗皇帝に意見を求められ、この絶世の美女の悲劇的な最期を目撃した。

阿倍仲麻呂は七一七年に遣唐使節団の一員として長安入りした。超難関の科挙の試験に合格し、のちに高官として重用された。日中文化交流史の重要な人物でありながら、その生涯について不明な点が多い。とくに高級官僚として唐王朝でどのような役割をはたしたかは謎に包まれていた。

彼が唐で歴任した官職を並べてみると、安史の乱が起きた七五五年から七五七年のあいだは一つの空白となる。戦乱が終息した後、官位は従三品から正三品に昇格され、左散騎常侍、安南都護に任命された。そのキャリアから見ると、彼は安禄山の側に与しなかったのは明らかである。安禄山が反乱を起こしたとき、阿倍仲麻呂ははたしてどこで何をしていたのか。その点について史書には何も記されていない。

作者は物語の形式を通してその空白に挑戦した。異なる民族間の軋轢《あつれき》、熾烈な権力闘争、恋のもつれと嫉妬。そうした入り組んだ関係のなかで、阿倍仲麻呂は唐の政治中枢で超人的な役割をはたした。楊国忠と対立した彼は最初安禄山と接近したが、やがてその野心に気付き訣別した。緻密な構成と見事な細部描写は、大胆な想像を興味深いストーリーに変えた。

歴史に題材を求める小説が読者の注目を集めるいま、史実と文学的想像の関係ははたしてどうあるべきか。『三国志演義』は「七分が真実、三分が虚構」とも「六分が真実、四分が虚構」とも言われている。だが、朝衡や藤原真幸を描いたこの小説についてはそうした詮索《せんさく》は無意味であろう。というより物語として構想されたこの作品は史実との距離を示すことによって、文学の魅力を読者にアピールした。

「反歴史」的な解釈は物語の仕掛けとして用いられ、ストーリーの展開に適度な張力をもたらした。阿倍仲麻呂は楊国忠が掌握した紫禁隊にあやうく殺されるところだったが、楊国忠の腹心で紫禁隊隊長の袁木は逆にその動きを察した藤原真幸の返り討ちにあった。文学的迷彩として用いられた「反歴史」の描写はここでむしろ一種の歴史的な批判さえ感じさせる。もっとも驚いたのは楊貴妃が実の兄である楊国忠と禁断の恋に陥ったという設定である。馬嵬駅で玄宗皇帝が死を賜る勅命が届く前に、楊貴妃は愛人の首を胸に押しあてて自害した。歴史の分光は広漠とした時空間のなかで幾度も屈折し、物語の天幕に色とりどりの模様を織りだした。

超消費時代の現在、事実が小説よりも面白くなった、と人はいう。しかし裏返して言えば、事実を越えられる物語がまだ作られていないことでもある。史実についても同じことがいえる。この小説のおかげで阿倍仲麻呂の生涯について歴史記録よりはるかに面白い冒険談を楽しむことができた。

（読売新聞社・二〇〇〇円、のちに文春文庫）

風刺画から東洋のイメージを読む　『図像のなかの中国と日本』（東田雅博著）

十九世紀のイギリスで中国や日本はどう見られていたのか。一八四一年七月に創刊した週刊誌『パンチ』の風刺画を取り上げて検証した本書は、それに対する一つの答えである。正確な絵解きをするために、『イラストレイティッド・ロンドン・ニュース』や『グラフィック』の図版とも比較対照し、また『クォタリー・レビュー』、『エディンバラ・レビュー』、『ウェストミンスター・レビュー』など、総合雑誌の関連記事も参照された。

『パンチ』に着目したのにはそれなりの理由があった。大英帝国が繁栄を誇った時代に、同誌はミドルクラスの価値観、モラルやユーモア感覚を代表していたからである。それまで西欧の東洋観は宣教師、旅行者、外交官や学者の手になるものがほとんどだった。しかし本書は市民の常識として中国観、日本観がいかに形成されたかに照準を合わせた。

ヴィクトリア朝時代の中国観については弁髪、ドラゴン、柳模様の皿などいくつかの類型に分けて、緻密な図像分析が行われた。同時代の雑誌メディアのなかで、『パンチ』の風刺画は中国文明に対する蔑視をもっともあからさまに表出した。それは当時イギリスの本音を表しただけでなく、ミドル・

クラスに広く影響力を持つメディアとして、中国に対する敵対感情を煽《あお》る様子を表すものでもあった。日本観についてはジャポニスムが誕生する前と後に分けて、時系列に沿って検証が行われた。ジャポニスムの傾向が明瞭にあらわれるまではサムライ、着物、独楽や団扇など断片的なイメージしかなかったが、一八八〇年代の後半からジャポニスムの影響が認められるようになった。ただ、そのエキゾチシズムも結果としてイギリス社会生活を引き立てる、一つの背景に過ぎなかった、と著者は指摘する。

興味深い図版が多く掲載され、それぞれ丁寧な読みが行われている。『パンチ』に登場した最初の日本人は黒人として描かれていたなど、面白い指摘が随所に見られる。イギリスの東洋観を知る上で貴重な資料を提供したにとどまらず、クロス・カルチャー・スタディーズにおいて一つの空白を埋めたといえよう。

『パンチ』誌にはリアルなイラストもあるが、大半は風刺漫画である。時事問題を戯画化して面白おかしく批評しているから、テクストとして扱うときに、よほど用心しなければならない。少なくともユーモアの側面も考慮に入れるべきだ。そもそもロンドンの中産階級にとって、どこがおかしいのか。笑いを誘う画面構成は、常識とのズレを前提とすることが多い。良識ある市民の平凡的な見方を反映するというよりも、むしろ非常識や逆説など意外性を売り物にしている。へそ曲がりの時事風刺画に対し、素直でまじめな解釈は禁物である。その点では今日も同じである。たとえば日本の大新聞にはクリントンを諷刺する漫画がよくあるが、金大中を揶揄《やゆ》する戯画は見あたらない。だからといって、アメリカが軽蔑されているわけではない。

時事戯画は相手をけなすとともに、みずからの精神世界をもさらけ出す。その意味では研究対照として取り上げるのは優れた発想である。ただ、レーモンド・ダウソン『ヨーロッパの中国文明観』のビジュアル版を超えるためには、ヴィクトリア朝時代におけるユーモアの構造、風刺画の読まれ方、常識の範疇《はんちゅう》、イラストレーターの特定や、彼らの東洋知識の由来などについても突っ込んだ考察が必要だろう。著者の仕事にほれての願いである。

（山川出版社・二九四〇円）

II　一九九九年

1・ 4　EU の通貨ユーロの取引が始まる.
4・30　カンボジアが東南アジア諸国連合（ASEAN）に加盟し，10 カ国体制がスタート.
5・ 7　アメリカ軍機はユーゴの首都ベオグラードにある中国大使館を爆撃．中国全土にデモ.
5・26　インドとパキスタンの空軍がカシミールで軍事衝突.
7・18　世界人口が 60 億人を突破.
9・30　茨城県東海村の JCO 東海事業所で日本国内初の臨界事故.
10・12　パキスタンで軍部によるクーデターが発生し，ムシャラフ陸軍参謀長は政権を掌握し，首相に相当する最高行政官に就任.
10・20　インドネシア国民協議会はアブドゥルラフマン・ワヒド氏を第 4 代大統領に選出.
10・20　インドネシア国民協議会は東ティモールの独立を承認.
11・28　東南アジア諸国連合と日本，中国，韓国の首脳会議がマニラで開かれ，「東アジアの協力に関する共同声明」を採択.
12・20　ポルトガル領マカオが中国に返還.
12・31　ロシア大統領エリツィンが辞任．プーチン首相を大統領代行に任命.

一九九九年といえば、まず思い出すのはコンピューター二〇〇〇年問題であろう。あれほど騒いだのに、年が明ければきれいさっぱり忘れられている。人間は思ったよりもはるかに健忘症だ。

経済状況はあいかわらず悪い。テレビニュースでは毎月、失業率が報じられ、大学生の就職内定率は急激に低下している。私の授業の受講生たちは就職活動がことごとく失敗した、とこぼしている。メディアでは日本の先行きを悲観視する声が多く、その手の書籍も注目を集めていた。

明るい話題もあった。個人的にとくに興味があったのは、十代の女性に厚底靴とガングロ、ヤマンバが流行したことである。同じファッションと化粧法は後に東アジアにも波及した。「だんご3兄弟」がヒットしたのも興味深い現象だ。

九月の調査によると、小渕内閣の支持率は五六・一パーセントに達した。支持率が高くないという印象があったが、じつは小泉内閣と遜色のないときもあったのだ。

乙武洋匡の『五体不満足』が四三〇万部も売れ、黒柳徹子『窓ぎわのトットちゃん』以来のヒットと言われている。もはや読書界の話題を超えて、社会的な現象となった。江藤淳の自死もちょっとしたニュースであった。

大野晋『日本語練習帳』はあらたな日本語ブームの火付け役となった。新聞やテレビに取り上げられることもあって、その後ブームは断続的に続いていた。

平野啓一郎『日蝕』の芥川賞受賞は大江健三郎以来の現役大学生の受賞で話題を呼んだが、五年後に、早くも十代の受賞者が現れた。

巨大な渦巻きにいかに抗するか

『グローバリゼーションのなかのアジア』（伊豫谷登士翁、酒井直樹ほか編）

「グローバリゼーション」というと聞こえはよいが、言葉とは裏腹に「国際化」がもたらしたのは痛みをともなう、利益の再配分である。無国籍資本のグローバルな展開は間接的に失業率の曲線を変動させ、金融経済の国際的な拡大のなかで、銀行金利表は視力表のようなものになった。グローバリゼーションは日常的な利害関係に直結していることに、一般市民はようやく勘づいた。

不安は途上国にもあった。アジア経済危機に代表されるように、金融のグローバル化は途上国の経済に対し、ほとんど略奪というべき悲惨な結果をもたらした。ナショナリズム的な感情に訴えることで金融の国境を閉鎖したマハティール首相の決断は象徴的である。

地球規模の資本越境に対し、カルチュラル・スタディーズの研究者たちは積極的な発言をした。本書はその成果の一つである。国民国家のセンチメンタリズムに陥ることなく、グローバリゼーションにいかに抵抗しうるかについて、思想的なアプローチが行なわれた。

陳光興とイエン・アングらが執筆した五本の論文は本書のおもな骨格をなしている。冒頭の解説とあとがきはカルチュラル・スタディーズを理解し、収録された論文の文脈を理解する上で役に立つ。

グローバリゼーションがナショナリズムとの関係を示した例は多々あるが、イエン・アングが取り上げたのはオーストラリアのケースである。資本主義の急速な多国籍化ないし超国籍化は、オーストラリアの国民国家の権力と基盤を掘り崩してきた。その結果、過激なナショナリズムの登場を招いた。経済的に「アジア」に依存してきた現実は、逆に人種主義の古傷を化膿させた。しかもアングが「人民主義」と皮肉るように、国民国家イデオロギーの郷愁はたんに数人の右翼政治家の跳梁《ちょうりょう》ではない、その背後にはむしろ国民的な理解があった。思想の退化に対抗する意味で、アングはあえてグローバリゼーションに対する批判よりも、オーストラリアの「アジア化」をめぐる、排除の心理構造に対する批判を優先させた。

アングの見解に反発したのは台湾の学者陳光興である。グローバル資本主義によって、既得利益が脅かされた人々がナショナリズムに傾斜するのを警戒するあまり、アングは実質上、グローバリゼーションを容認する立場を取ったのではないか、と陳光興は疑った。あたかも十九世紀における社会学や人類学が帝国主義と共犯関係にあったと同じように、アングが唱えたトランスナショナル-グローバルなカルチュラル・スタディーズも、グローバル資本主義と共犯関係に陥る危険性があるのではないか、と陳は指摘した。ナショナリズムに回帰することなく、グローバリゼーションとの全面対決を可能にする方法として、陳はメタファーとしての「ローカル」からの発言にこだわる必要性を再三にわたって強調した。

取り上げられた対象はオーストラリア、あるいは定義が曖昧な「アジア」であるが、グローバリゼーションの巨大な渦巻きの真っ直中でもがいている日本にとっても、示唆に富む見解が多く示されている。むろん、山積する難問に対し、実行可能な処方箋が用意されたわけではない。だが、思考力の資源がどう動員されるべきか、少なくとも一つの可能性が提示されている。文章はやや難解だが、読み応えのある一冊である。

（未来社・二六二五円）

東西の優れた知性の響き合い　『袁枚《えんばい》――十八世紀中国の詩人』（アーサー・ウェイリー著）

『源氏物語』の翻訳で知られたアーサー・ウェイリーは日本文学だけではなく、『詩経』や李白の詩をはじめ中国文学の作品も数多く翻訳した。本書はその驚異的な仕事の一部である。東洋の古典を美しい英語に訳した点では、ウェイリーはエズラ・パウンドと比肩できる。だが、東洋文学についての深い教養においては前者が後者をしのぐ。

古典を的確に批評する才能には定評がある。詩作を選りすぐる眼力も非凡だが、みごとな英詩に変身させる表現力は抜群である。事実、ウェイリーの訳詩は月並みの創作詩よりはるかに優れており、イギリスでは現代詩として詩歌アンソロジーに収められているほどである。

ウェイリーは激しい情動を直線的に表現する作品が好きなようだ。屈原も李白もそうだが、袁枚は形式美を破ってでも、喜怒哀楽の表出にこだわる詩人である。

袁枚が生きた清朝は、私の世代の者にとって、なんとなく陰惨な時代という印象がある。弁髪に象徴された後進性、過剰な文章検閲制度、長年の社会停滞。アヘン戦争後の著しい衰退や腐敗とあいまって、この王朝の評判をだいぶ悪くした。現代中国人は学問研究の必要をのぞけば、清代の詩を趣味で読むことは滅多にない。

だが、アーサー・ウェイリーはこうした先入観に疑問を呈した。周到な考証をもとに、袁枚という一人の詩人から、普遍的な感受性を見いだした。副題を「十八世紀中国の詩人」とつけたのもそのためであろう。清代の文学は長いあいだ閉鎖的な情緒空間のなかにとじこめられていると考えられてきたが、袁枚の詩をよく吟味すると、なるほど十八世紀の世界的な文化雰囲気とぴったり一致するものである。研ぎすまされた感性は必ずしも地理的、文化的な隔絶に狭められることはない。ときにはヨーロッパの時代精神と呼応するかのようにさえ見える。この発見は東西の文学に精通するウェイリーでなければ、けっしてできなかったであろう。

堅苦しい宋学を嫌い、あらゆる宗教に抵抗した袁枚は一風変わった儒者である。孔孟の思想に心酔しながらも、一方では官能の享楽を大胆に求めてはばからない。煩雑な事務処理や上司接待の虚礼に嫌気をさした彼は若くして引退し、麗しい妾を何人も娶《めと》り、美味なものには目がない。古稀を過ぎてからも旅に出掛け、山水の美しさを思う存分楽しんだ。何事にも束縛されない生き方は十八世紀という時代の必然の産物といえるかもしれない。生涯自由人で通ったアーサー・ウェイリーもその人生観につよく共感したにちがいない。「愛敬があり、知的で、大らかで、気持ちの優しい、癇癪持ちの、ひどい偏見を持った」と評したウェイリーは、袁枚の人間像からみずからの姿を読み出したのかもしれない。

伝記のわりには詩が数多く引用されている。というより、ウェイリーにとって詩の紹介がおもな目的だったかもしれない。その意味では本書を日本語に訳すにあたって、原詩に訓読をつけるのではなく、現代詩のスタイルに重訳したのは好ましい気の利いた判断である。漢詩とは思えないようなリズムとレトリックから、意外な感動と発見がえられるかもしれない。

地の文にも工夫が凝らされている。一見、編年体のような構成だが、叙述の展開はけっして単調さに陥らない。訳文もよくこなれていて小気味よい。おかげで午後の読書はすっかり楽しいものとなった。

（加島祥造・古田島洋介訳、平凡社東洋文庫・三一五〇円）

激動の半世紀を生きた作家の生涯を綴る　『巴金写作生涯』（巴金著）

若い頃、私は巴金の愛読者で、最初に読んだのは『憩園』である。文学を知らなかった少年にとって絵のような美しい物語であった。胸のときめきは長年経ったいまも忘れられない。私と同世代の者にとって、巴金は大きな存在であった。文化大革命が起きるまで、中学生なら誰もが一度は巴金のファンになったのであろう。『家』『春』『秋』などの長編はとくに女子学生のあいだに人気が高く、作家が批判された文化大革命のあいだにもひそかに読まれていた。巴金の小説はそれほど若い読者たちの心をひきつける力を持っていた。

巴金は作家生活が長い。処女作『滅亡』が発表されたのはいまから七十年前である。つい数年前までまだ旺盛な執筆活動をつづけていた。世界文学のなかで、これほど長く創作に従事した作家もまためずらしい。

本書は一九三〇年代から八〇年代の中頃までに書かれたエッセーを精選したアンソロジー。この一冊を通して、激動の半世紀を生きてきた巴金の作家生活の一端を知ることができる。

巴金の文学はみずからの生活体験と密接な関係がある。とくに初期には自伝的な作品が多い。第一部「生活と創作」に収録された「最初の回想」「家庭と環境」などは作家の生い立ちを知る貴重な資料で、作品を理解する上でも一助となる。第二部には魯迅、茅盾や老舎など同時代の文学者を偲ぶ追悼文が収められている。そうした文章には文壇の逸話や作家の交友関係が記されているだけでなく、巴金の謙虚でやさしい人柄もうかがい知ることができる。全体のバランスから見ると、第三部はやや手薄になった感はある。ただ、初公開の資料も収録され、作家の文芸思想を知る上で役に立つことはまちがいない。

訳者は巴金の文学を原語で読もうと、十数年前に一念発起した。喜寿にして中国語をマスターし、作品の翻訳まで挑戦した。「老人力」のパワーをまざまざと見せつけられて恐れ入った。翻訳は完璧といえないかもしれないが、若干の瑕疵《かし》は再版で直せる範囲内のものである。巴金の翻訳がまた一冊増えたことを喜ぶと同時に、訳者の強靭な精神力と超人的な努力に拍手を送りたい。

（大林しげる・北林雅枝訳、文芸東北新社・二九四〇円）

清末の官僚たちは日本をどう見たか　『近代中国官民の日本視察』（熊達雲著）

近代中国と日本との文化交渉において、人員の往来が重要な部分を占めている。十九世紀末の中国にとって日本は近代化に成功した手本で、日本を訪ねその劇的な変化を確かめてみたいという願望は知識人のあいだにひろくあった。清末に日本に渡った中国人はおおむね二種類に分けられる。留学生と日本を視察した官吏や民間人である。前者についてはすでに多くの研究が行なわれたが、本書は後者の方を取り上げる。これまで言及が少なかっただけに、綿密な調査に裏打ちされた内容は興味を引く。そもそも清末の中国では外国視察は特別な意味を持っていた。日清戦争を経て、とくに戊戌政変のあと、中国における近代化の必要性と切迫性はひろく認められ、支配層のなかでも欧米や日本に習うことを黙認する空気があった。海外留学が年々増えるなかで、清政府の内部でも外国視察を提唱する意見が現れた。

「視察」とはいっても、短期とはかぎらない。むしろ長期のものが多い。一九〇六年になると、政府の奨励を受けられるのは、一年以上にかぎると定められていた。もっとも長いのは三年以上にわたる。視察の分野も政治、学術と実業が中心であった。教育機関にこそ通わなかったが、実質上一種の留学である。現在でいうと、行政研修か企業研修であろう。しかも、政府派遣の「視察」だけでない。私費による「視察」もあった。ただ私費の場合も政府の審査を通らなければならない。書名の「官民」の「民」とは私費のことを指している。そのような「視察」は留学と同様の、場合によって留学よりも中国社会に大きな影響を及ぼした。日本留学の歴史と同じように、日本視察の歴史についての考察も文化交流史の研究において欠かせない。

若い留学生と違い、現役の官僚あるいは地方の実力者や知識人の視察は清政府にとって多くの利点がある。まず、留学生が「過激」な思想に同調しやすいのに比べ、視察に派遣された人たちは離反する心配はない。それから専門にわけての「視察」は留学よりも実用的で、帰国したらすぐに役に立つというメリットもある。視察者の多くが官職についていることを考えると、彼らが内部から清王朝を変えたとさえ言える。その意味では、日本視察の意義を見抜いた著者の眼力を大いに評価したい。

本書は二部からなるが、第一編では日本視察の歴史がまとめられた。はじめての試みにもかかわらず、丁寧な実証を通して異国視察の全容が明らかになった。第二編は近代中国における日本視察のもたらした影響についてである。日本で各分野の見学と調査に携わった視察者たちが中国に何を持ち帰り、清末の立憲政治の導入や、行政、司法、教育など近代的な諸制度の誕生にどのように寄与したかについて、具体的な事例に即して論じられている。

ヨーロッパ視察と違って、清末の中国にとって、日本視察の道のりは決して平坦なものではない。一八七一年に中国と日本のあいだにすでに修好条規が結ばれたが、欧米人に許された内地旅行は中国人にはまだ認められていなかった。清国の外交官たちの度重なる交渉にもかかわらず、正式の外交ルートを通して日本での見学や調査を実現した人たちは皆無に近い。中国の国内事情も障害の一つであったが、日本の外交政策も中国人の日本認識を遅らせた。一八八六年になって、外務省はようやく重い腰をあげ、学術研究、病気療養にかぎって入国ビザの発効を許可した。それをきっかけに視察や調査を目的とする使節団が派遣され、民間からも見学者が続々と訪れるようになった。

ただ、日本視察が大きな流れを形成し、影響力を持つようになったのは、二十世紀に入ってからである。政治改革をしないと、政権崩壊が避けられないと悟った清王朝がみずから立憲政治を導入し、日本に習うことを真剣に考えはじめた。著者の統計によると、一八八四年から一九一一年まで二十七年のあいだにあわせて一四四五人が日本を訪れたが、そのうち、一九〇三年から一九〇七年までの訪日者数は一一六二名に達し、全体の八割を占めているという。辛亥革命以降、行政当局の統制下におかれた日本視察は姿を消したが、視察者たちが持ち帰った情報が近代的な思考を広め、間接的ながら辛亥革命のための助走路を作った。

一次資料を丹念に調査し、集められた膨大なデータについて詳しい分析が行われた。学問的な手続きをきちんと踏んでおり、しかも読み物としての面白さも失われていない。第二編の、日本を視察した人たちがはたした役割についての叙述は、著者にとってなお意を尽くせなかったであろう。実業、学術、マスコミなど本書では言及できなかった分野について、今後の研究を期待したい。

（成文堂・七三五〇円）

心のふるさとの神話を打ち破る　『創造された古典』（ハルオ・シラネ、鈴木登美編）

古典文学といえば、まず頭に浮かぶのは『万葉集』、『源氏物語』、『徒然草』や『奥の細道』等々であろう。日本文化の精髄として評価され、中高校の国語テキストから、一般向けの出版物までさまざまな形で広く読まれている。そうした作品は古代の情緒世界を表現しただけでなく、その根底に流れる美意識は現代人にも引き継がれている、と考えられてきている。

だが、本書はそうした文学史的常識を根本からくつがえした。古典と呼ばれた作品は必ずしも優れた芸術的価値のゆえに、名作との評価を得たのではない。また、人々が想像したように、過去の歴史のなかで間断なく読み継がれてきたわけでもない。ほとんどの場合、人為的にカノンつまり正典として選別されている。とりわけ近代においてその傾向が著しい。古典ということばに含意された歴史的連続性は人為的に構築された神話に過ぎず、「日本古典文学」の大部分は二十世紀、とくに戦後に決定されたものである。

この挑発的な観点を証明するために、時代や専門が異なる十人によって、個々の作品や特定の文化領域について詳細な論証が行われた。『万葉集』は奈良時代の貴族たちが編んだもので、いまから千年以上も前に成立した。長いあいだ、日本人の圧倒的多数にとって縁もゆかりもない存在であった。多くの読者を獲得し、国民歌集の地位を築いたのは明治以降のことである。『源氏物語』や『伊勢物語』も中世和学の伝統においては、和歌を読むための手引き書、歌ことばの手本として読まれていた。

言語表現に対しても解剖のメスが入れられた。記述様式としての漢学は各歴史時期においてどのような働きをし、その位置づけはいかに変遷したかを、漢文と仮名文の関係において究明された。柳田国男や折口信夫の民俗学についての考察も刺激的である。口承文学に価値を見いだそうとした努力は一見、反権力のようにも見えるが、じつは音声中心主義は必然的に戦争追随へと導いたという。

むろん古典が創られたプロセスの解明はなにもテキスト自体の価値を否定するためではない。古典の享受史を整理しなおすことは今日においてさまざまな意味がある。たとえば、欧米中心主義に対し、多元文化主義を主張する場合も、ただ「東洋の古典」を持ち出すだけでは対等の立場に立てない。東洋におけるカノン形成の研究は後方支援として戦略的に有効である。

エリック・ホブズボウムが指摘したように、知の体系、国民や国家のイデオロギーの一部となった歴史は実際に民衆の記憶に貯えられたものではなく、その役割を担った人々によって選択され、書かれ、そして制度化されたものである。日本文学についての、この先駆的な研究は東アジアの文化研究にとっても深い意味があるであろう。

ただ、本書はたんに『創られた伝統』の日本文学版にとどまらない。新たな批評の水平を示したのが最大の魅力である。たとえば八世紀に成立した『古事記』と『日本書紀』の解釈史に対する緻密な検証はその好例だ。正典の創出はなにも近代にかぎった現象ではない。異なる体系を内包する作品の価値序列は何度も変更されてきた事実は、文化的過去を構築する記憶の政治学について、古代にさかのぼって検討する重要性を示唆した。また、西洋文化との出会いが伝統の創造とどのようなかかわりを持つかについての検証も、文化の非連続性を考える上で、貴重な視点を提供した。

（新曜社・四二〇〇円）

文化比較から生まれた鋭い批評眼　『越境者が読んだ近代日本文学』（鶴田欣也著）

北米で四十年の歳月を過ごし、青い目の若者に文学を教えてきたという経歴は日本の小説を見る目を果たしてどう変えたのか。文化と感受性の関係を考える上で興味が尽きない問題だが、書名にある「越境者」とは著者のそうした批評活動の背景を指している。

冒頭から近代日本文学の西洋人像が論じられた。著者によると、近代小説のなかで、欧米人がふつうの人間として扱われることはきわめて少ないという。漱石『三四郎』に見られるように、西洋人像はふつう二つの類型しかない。極端に醜いか無類に美しいかのどちらかである。前者の場合では熊のような巨体、強烈な体臭、不気味な青い目など、異種を思わせる身体的特徴がつねに過剰に強調されている。そうした描写は川端康成『山の音』、大江健三郎『個人的な体験』、加賀乙彦『砂上』や円地文子『雪燃え』などに典型的に見られ、現在もなおくり返されている。

一方、西洋人がみな天使のように美しい、と描かれることも多い。谷崎潤一郎『痴人の愛』、小島信夫『アメリカン・スクール』を挙げるまでもなく、日本の小説では欧米人の女性は女神のように美しく、男性は身体的にも精神的にも日本人よりはるかに魅力があるように描かれている。その点では男性作家も女性作家も変わりはない。日々西洋人のなかで生活している著者にしてみれば、これほど現実離れした描写はない。欧米人の人間性を剝奪する行為とも受け止められるが、著者はそのなかから異文化と接触したときに生じた不安を見いだした。

文学に現れた西洋人像には、幻想が持つ癒しの効果に対する希求が隠されている。この遠方憧憬の願望はほかの各章でも指摘された。著者は母子関係を作品を解明するための重要な糸口としている。とくに母なる者の喪失によってもたらされた愛や甘えの欠乏と、その欠乏から生じた人間の苦悩を鋭く感じ取り、それがいかに作品の世界と関係したかを、緻密に分析している。ここでいう母なるものとは、むろん実際の母親とは限らない。国家でもいいし集団や共同体でもよい。その意味では幼少にして実母を失い、北米で生の喜びを見いだした著者は二重の意味で母なるものの喪失を経験した。

そうした原体験は巧みに批評活動に生かされている。事実、志賀直哉、芥川龍之介、川端康成らを研究対象としたきっかけもそこにある。外側からの冷徹な視線、内側を熟知する素養と並外れて鋭い感性は独特の批評を豊かに実らせた。たとえば、甘えをキーワードに志賀直哉の小説を読み直すと、『暗夜行路』は俄然輝きが取り戻され、「向こう側」というファインダーを通して川端康成の作品をのぞくと、小説のなかの空間、女性、自然はいかに夢想の対象として構築されたかが手に取るように明らかになった。そうした鋭い洞察は文化の境界線に立ったときはじめて得られるもので、閉塞した文化空間のなかではおよそ想像もつかないだろう。ふだん何気なく読み過ごしてきた作品にこんなに多重なメッセージが託され、小説というものはこうも面白く読めたのかと、いまさらながら感心した。

批評の基点を示すためとはいえ、みずからの人生をこれほど率直に語り、己の内面をここまできびしく解剖してみせる批評家もまた珍しい。この意味では本書は批評の形をした私小説ともいえる。その著者はいま難治の病に冒され、闘病生活の真っ直中にいる。あとがきにはその胸中が淡々と綴られているが、涙を誘うほど感動的であることをついでに言い添えておく。

（新曜社・四八三〇円）

近代アメリカ史の驚くべき側面

『ゴールド・マウンテン――ある中国系移民家族の百年』(リサ・シー著)

一八七一年、十四歳の少年フォン・シーは父を訪ねて広東の田舎からアメリカ行きの船に乗り込んだ。大陸横断鉄道が敷設されはじめてから、多くの中国人が工事現場で働くようになり、少年の父親はそうした苦力たちの漢方医として招かれた。だが、長男と次男をつれていったきり、消息がわからなくなった。なんとか父親を見つけた少年はこうしてアメリカでの新しい人生をスタートした。中国語も読めない彼は英語を覚え、死に物狂いに働いた結果、下着工場を持つまでに至った。

しかしアジア人にとってアメリカン・ドリームはそう簡単に実現できるものではない。鉱山開発や鉄道建設が終わると、中国人は厄介者扱いにされた。汽車に乗って次々と移民してきた白人は彼らを追い出し、その仕事を奪い去った。一八八二年に制定された中国人移民排斥法はさらに追い打ちをかけた。デンバーではチャイナタウンの住宅や商店が略奪され、タクソンでは中国人は雄牛の後ろにつながれ、砂漠を横断させられた。各地で中国人が集団で殺害される事件が起こり、なかには生き埋めにされた人もいた。

レティシーとの出会いは、フォン・シーの運命を変えた。白人女性との結婚は人種差別による迫害を和らげただけでなく、妻の優れたビジネス頭脳のおかげで、事業は大きく成長した。彼女のアドバイスで、フォン・シーは第二次排斥で禁止された製造業を事前に取りやめ、中国古美術店をはじめた。二人は一女四男に恵まれ、ロサンゼルスで名の知れた金持ちになった。

ところが、中国にもビジネスを広げようとするフォン・シーはやがて妻のアメリカ流儀に反撥し、長い別居のあと二人はついに離婚を決意した。成人した五人の子供には家業を継ぐ者もいれば、家具工場や映画会社への道具レンタルを営む者もいた。しかし成功はつかの間であった。大恐慌の嵐はチャイナタウンを襲い、かつて金を湯水のように使っていた二代目はあっという間に無一文になった。

中華料理屋の経営など、さまざまな紆余曲折を経て、二代目が最後に美術品販売業に舞い戻ったのは、根強い人種差別と無関係ではない。その意味では三代目や四代目のなかに弁護士、建築屋、医者、エンジニア、デザイナーなどの職業を選択した者が多いのも不思議ではない。四代目の著者が白人の顔をしていながら、いまも自分のことを中国人だと思っている。そのつよい情念の背後には一族の傷だらけの記憶があったのはいうまでもない。

中国からアメリカへ、東洋の前近代的な農村から近代西洋の都市へ、広東の片田舎の農民はいくつもの文化時差、社会時差を克服して、見知らぬ土地に渡り、したたかに生きてきた。波乱に富んだ一族の物語は小説よりも面白く、逆境のなかで忍耐強く生きている人々の姿は感動的である。

だが、本書は月並みなサクセスストーリーとして読み過ごしてはいけない。家族史を執筆する際、著者は過去五年間にわたって、関係者にインタビューをし、国立公文書館、移民局をはじめ多くの機関で、出入国の書類、尋問記録など膨大な資料を入念に調査した。そうした緻密な作業を通して、中国人移民の初期生活だけでなく、西部開拓の経過、チャイナタウンの移り変わり、人種衝突や文化摩擦の現場も忠実に再現された。本書のおかげで、歴史書でも決して知り得ない、近代アメリカ史の驚くべき側面を知ることができた。

（住友進訳、紀伊國屋書店・三九九〇円）

文化批判としての中国映画論

『プリミティヴへの情熱――中国・女性・映画』（レイ・チョウ著）

欧米ではいくつかの例外をのぞけば、現代中国文学に対する関心度が低い。しかし八〇年代以降の中国映画は批評家たちのあいだで高い評価を受けただけではなく、一般観衆にも好意的に迎えられている。異文化理解の問題としては興味深い現象である。

陳凱歌、張芸謀らを代表とする現代中国の監督たちは美しい映像を楽しませてくれた反面、彼らの映画表現に対し、賛否両論がつねに対立している。単刀直入的な映像イメージは文化の深層意識をよみがえらせた、と評価する人がいる一方、多くの中国人観衆が彼らの映画に対し冷淡な反応を示したことは、外国人の趣味に媚びる証拠であり、深みの欠如であるとの批判も受けた。

本書ではそうした批評のコンテクストを視野に入れながら、現代中国映画について丹念な読みが行われた。その目的は二項対立を脱構築し、批評を深める可能性を探ることにある。したがって、作品論の確立にとどまらず、中国映画にまつわる言説につよい関心が示された。

現代中国映画のなかでは、土着性や原始的な力は現代文明との距離を誇張した形で表象されており、高度な消費文化との強烈な対照を通して観客につよい衝撃を与えた。だが、そうしたエキゾチシズムが欧米で拍手を博したのは、オリエンタリズム的なまなざしに迎合したからで、結果として西洋文化の支配を強化した、との批判があった。著者は、プリミティヴ化という分析概念を導入した上で、そうした批判に反論した。西洋モダニズムという形式の発明は非西洋世界のイメージを大規模に流用した結果だが、「第三世界」にも類似したプリミティヴ化の動きがあった。八〇年代の中国映画はその典型例である。そのなかで「起源」あるいは「原初的なもの」が斬新な映像イメージによって構築された。ここでいうプリミティヴなものとはすでに失われた共同体の情緒空間のメタファーであり、「現在」において捏造《ねつぞう》されたものである。映画のなかで表象されたのは、本当の中国の姿というよりも、モダニスト的な蒐集に典型的に見られるような神話的な構築であり、過去についての想像的な様式であった。

注目すべきは彼らの仕事に対する評価である。著者によると、かりに中国の映画監督たちが一種のオリエンタリズムを生産したとしても、そのオリエンタリズムはパロディー化されることによって無害なものになった。意識的に中国の「汚れた秘密」を欧米に暴露することはたしかに一種の裏切り行為ともいえる。だが、民族文化に名声をもたらすことでその負債が相殺される。もし「見る」側と「見られる」側のあいだに文化の権力関係が介在しているならば、「見られる」側は文化支配を突き崩す戦略として、「見せる」ことを積極的に利用すべきだ、ということが示唆された。そのような見解は西洋の現代思想をふんだんに引用する著者の方法論に対する一種の自己弁明のようにも見える。

映画批評では、映像にどのようなメッセージが隠されているかを詮索するよりも、スクリーンから何が読めるかを示すことで、批評家の資質が問われる。本書の論点については必ずしもすべて首肯できるわけではないが、新鮮な視点、論理的な展開、周到な理論武装と力強い批評言語は、映画論の新たなスペクタルを見せてくれただけでなく、文化批判の優れた実践をも示した。

（本橋哲也・吉原ゆかり訳、青土社・二九四〇円）

歴史描写と幻想的現在とが響き合う 『神樹』(鄭義著)

この夏、旅順を訪れたとき、不思議な話を耳にした。旅順と大連のあいだを結ぶ高速道路は当初まっすぐに設計されていたが、基礎工事で樹木を切り倒す途中、一本の木から血が流れ出たという。度胆を抜かれた作業員たちは伐採を取りやめたため、樹木はそのまま残され、高速道路が迂回することになった。うわさの場所に近づき、運転手が指さしたところを見ると、枯れた木の枝に真っ赤な布がいっぱい結びつけられていた。そのときは一笑に付したが、アメリカ亡命中の作家鄭義が書いた『神樹』を手にしたとき、にわかに好奇心がつのってきた。というのはこの本にも、木が血を流す場面が出てくるからだ。

小説の舞台は山西省の太行山脈にある神樹村。その名の通り、村には「神樹」という、四百年の歴史を持つ巨木がある。直径五十メートル、その幹を抱えるには優に百人がいる。村の安全と幸運を守ってくれると信じられ、農民たちには神として祭られてきた。百年来、一度も花を咲かせたことはないが、ある日突然白い花が満開になった。うわさはあっというまに広まり、遠く離れた省からも参拝客がどっと押し寄せてきた。神樹信仰の拡大を恐れた当局は、巨木を切り倒すよう命令を出した。

県警察署がまず動員されたが、村長の買収工作で、なんとか難を逃れることができた。一息つくのもつかのま、今度は特殊部隊が派遣されてきた。村人の必死の抵抗にあい、軍隊は一時退却したものの、まもなく戦車部隊が応援に駆けつけた。数百名の死傷者を出した大虐殺の結果、村が占領され、神樹もついに引き倒された。だが、その直後に村人は不思議な光景を目にした……。

超自然の力を持つ巨木は近代史を見つめてきた証人でもある。村には趙、石、李という三つの大宗族があるが、百年来、それぞれの家族から有力者が現れ、各時代に村に君臨してきた。清末から民国にいたるまで、趙一族の大地主が神樹村を取り仕切っていた。共産党が政権を掌握すると、村長である趙伝牛は財産隠匿の疑いで人民裁判にかけられ、石建富は共産党幹部として村の新しい権力者となる。石一族の支配はしばらく続いたが、文革中に石建富はうっかり革命スローガンを間違えて叫んだために失脚し、かわりに共産党支部の副書記である李金昌は李一族の代表として権力の座についた。李金昌は農民たちの困窮した生活をまったく省みず、手中の権力を利用して次から次へ村の女性に手を出していった。農村の経済開放が実施されてから、李金昌は追放され、村長選挙で趙伝牛の息子趙家文が村長に選ばれた。権力は一巡してまた趙家に戻った。

目まぐるしい政治の変遷は山奥の田舎から見つめ直され、近代史の苦難は宗族間の争いを通して描かれた。政治体制が揺れ動くたびに、三つの大宗族のあいだに殺し合いがくりかえされた。また、自らの命を守るために同族の者を血祭りにあげることもあった。宗族間、個人間の怨恨は政治迫害の引き金となり、近代的法律は村落共同体の野蛮な刑罰と奇妙に混合した。だが、当局が神樹を倒そうとしたとき、ばらばらの村人は初めて一丸となって、勝ち目のない国家権力に果敢に立ち向かった。

社会の底辺にいる人たちはたんに被害者として描かれたのではない。彼らは権力者に虐げられる一方、自分より弱い者をいじめる一面も作家は見落とさなかった。農民たちの素朴さ、善良さをひたすら美化するのではなく、目を覆いたくなるような残虐を許容し、ときにはみずから関与する心理にもきびしい解剖のメスが入れられた。ラテン・アメリカ文学に心酔した著者はこの作品のなかで新しい表現法の模索に苦心した。村の歴史を題材にしながら、過去は現在や未来の時間と交差し、現実はしばしば幻想のなかに溶暗する。独裁政治を批判したミゲール・A・アストゥリアスを思わせる書き方が用いられ、またガルシア゠マルケス、ボルヘスらの作品を連想させる描写も少なくない。

現代中国文学をとりまく状況はきびしい。たんに表現の自由が制限されただけではない。膨張する映像メディアに象徴されるように、文化環境も急速に変わりつつある。この窮状をうち破るためには、いかなるイデオロギーも目新しい技法も救いにならない。表現の自由は作品の出来映えを保証するものではない。安易な体制批判は、かえって小説を政治の絵解きにしてしまう恐れがある。羽ばたく想像力を生かすためには、徹底した言語精錬と独創的な構成力が不可欠だ。素朴な正義感も奔放な情熱も、いったん沈澱させた上、小説にふさわしい言語によって再組織されなければならない。亡命文学は異なる文化コンテクストのなかで読まれている以上、つねに高い完成度が期待されているのもやむを得ない。

（藤井省三訳、朝日新聞社・三九九〇円）

あらゆる戦争に反対する理論的根拠を探る 『戦争論』（多木浩二著）

二十世紀が終ろうとした今日、戦争の危険性が減少したばかりか、むしろ増大したような気がする。冷戦下であやうくバランスが保たれた世界は、旧ソ連の崩壊により、かえって不安定な状況に陥り、バルカン半島や中東はいうにおよばず、東アジアを振り返って見ても、決して楽観できる状況ではない。

そんなときに本書に出会えたのはうれしい。これほど共感できた本は、最近あまりない。著者は日常性を人間の尊厳と有機的につながる価値として肯定した上、人間性を喪失させる近代戦争の本質について鋭い分析を行なった。戦争にまつわる言説の検証を通して、人類はなぜいまだに戦争の恐怖から逃れられないのかという問題にせまった。

二十世紀は戦争の連続であったが、前半の戦争は近代国家という制度と深い関係があった。国民国家は法によって暴力を軍事制度として独占したため、国家間の戦争は実質上合法化した暴力の衝突であった。戦争は政治の延長と見なされたが、戦争の開始は意外なほど貧困な政治的想像力で決まってしまう。この指摘は大いに傾聴すべきである。

核兵器に象徴されたように、近代技術の発達は戦争暴力をはてしなくエスカレートさせた。冷戦時代は核による力の均衡に頼りすぎたため、かえって戦争と平和についての知的思索を遅らせた。そのつけとして、ポスト冷戦時代の内戦が新たな国際問題となった。民族絶滅を目的とする集団虐殺は国民国家が残した宿題がまだ未解決であることを示している。

いま世界平和は新たな脅威にさらされている。コソボに対するNATOの空爆は人道主義という大義名分のもとに行なわれたが、発展途上国の人々にとって、新たな弱肉強食という悪しき前例を作った以外の何ものでもない。その認識は今後においてより重要な意味を持つ。戦後、民族独立を獲得した旧植民地国家の多くは、独裁開発の道を歩み、かなりの経済力を蓄積してきた。なかには核兵器を持つ国さえ現れた。力にものを言わせるアメリカの外交政策は恒久的な効果どころか、力の逆転により将来そのしっぺい返しを受けるのもありえないことではない。

武力衝突の悲劇を避けるためには、政治と戦争の関係を断ち切り、永遠平和の理想を追い求めることが大切である。著者が示した反戦思想は日本の将来だけでなく、二十一世紀の世界を考える上でも貴重な示唆となるであろう。

（岩波新書・七三五円）

異文化倫理への鋭い問題提起

『絵画の東方――オリエンタリズムからジャポニスムへ』（稲賀繁美著）

西洋の絵画に描かれた東洋には二つの類型が見られる。野蛮なメタファーとして矮小化されるか、あるいは逆に理想郷として過渡に美化されるかだ。浮世絵のように、東洋美術は近代西洋で表現技法の革命を刺激したこともあるが、日本趣味にはしばしば一種の文化的な上下関係が読み込まれている。本書はそうした西洋の絵画と東洋のかかわりを取り上げているが、美術史ないし絵画批評以上に興味深いのは、異文化倫理について鋭い問題提起をしたからだ。

ヨーロッパ絵画のなかの東洋は、知的支配の最たる例といえるかもしれない。オリエントに向けるまなざしは、「東洋」に対する解釈だけでなく、「東洋」についての幻想であり、またこうであってほしいという願望でもある。トルコ人、アラブ人やモンゴル人をはじめ、過度に誇張された東洋人の残虐さはいうまでもなく、美しいイスラム女性像がくり返し生産されたのも、「淫蕩ながら優美にして豪奢」という幻想的東洋イメージに応えるためである。

それに比べて、江戸時代の洋画受容はやや異なる様相を呈する。遠近法の導入を見てもうかがえるように、近代西洋と江戸日本のあいだに、文化の権力構造が形成するにはしばらく時間がかかった。

徳川の絵師や洋風画家たちは確かに西洋から透視図法を受け入れた。しかしそれは日本の絵画において遠近法がただちに支配的な様式になったことを意味しない。むしろ絵画を制作する過程において自由自在な大改変が行われた。浮世絵に見られるように、遠近法を応用した遠景描写には大胆にも従来の画法で描いた人物像がモンタージュされている。のちに西洋の画家たちを驚かせたこの「日本的な」技法がフランス印象派に大きな影響を与えたのはつとに知られた事実である。ただ、北斎の絵画空間はヨーロッパにおいて古典主義美学批判に利用された一面も忘れてはならない。その意味でジャポニスムの流行にも文化政治学が介在していた。

ゴッホは日本的な美に魅了されたが、そのことについて著者はあえて東西の思想闘争として解釈しなかった。この学問的慎重さは決して非難されるべきではないだろう。むろんゴッホに見られる日本幻想には文化「辺境」に対する粗暴な優越感に裏打ちされていないとは断言できない。だが、断片化された東洋イメージの生産は同時代において権威性を欠いていた以上、個人的な行為として読解した方がより真実に近いであろう。

ゴッホに比べて、西洋古典の規矩を破るためにタヒチの原住民を描き続けたゴーギャンの場合はやや違う。コロニアリズム的なイメージ収奪として、その倫理性は今日もう一度問い直す必要があるかもしれない。ただ、ゴーギャンの場合、もっと複雑な要素が絡んでいる。なぜなら、タヒチとマルケサス諸島に移住したゴーギャンは独自の引用法によって近代西洋のイデオロギーを骨抜きにしたからだ。クレオール絵画を構築した意味で、古典的なオリエンタリズムと一線を画したといえる。「野蛮」

であるがゆえのユートピアを非西洋世界に求めることは確かに西洋中心主義的な発想といえなくもない。一方、近代西洋によって「楽園」が喪失された現実を前にして、西洋文化に対する反省も触発された。その思想的歴程はタヒチで制作された一連の作品に対する分析を通して明らかにされている。専門的な論述ながら、謎を解く過程はまるでミステリーを読むようで興味が尽きない。

（名古屋大学出版会・五〇四〇円）

近代日本人の心象を映し出す『言語都市・上海』（和田博文、大橋毅彦ほか著）

近代日本文学に描かれた外国の都市といえば、まずパリ、ロンドンや上海が思い浮かぶ。パリとロンドンはヨーロッパを代表する都市であり、二十世紀の前半まで、近代文明の頂点を象徴していた。西欧文化に対する幻想と憧憬がこの二つの都市に凝集したのも不思議ではない。それに比べて、半植民地である上海がこれほど突出していたのはやや不可解にも見える。アジアの都市でこれほど頻繁に取り上げられた例は他に見ない。

なぜ上海はこのように注目されたのか。日本人にとって上海の魅力は一体どこにあったのか。そうした疑問に答えるべく、「魔都」と呼ばれた都市についての言語表象が読み解かれた。

一八六二年、高杉晋作が上海を訪れてから、多くの日本人がこの新しい都市の西欧的な情調と、アウトローが暗躍する社会の危うさの両面性に魅了された。一九二三年二月に日本郵船の定期便が新設され、長崎丸と上海丸の二隻が、週二回の割合で長崎と上海間を往復するようになったのをきっかけに、作家、特派員、外交官らが続々とこの街に訪れた。彼らは異国情緒が濃厚な雰囲気のなかで擬似的な西洋体験をするとともに、半植民地の悲惨な一面をも目の当たりにした。そうした異文化経験は後に、小説、詩やノンフィクションとして結晶した。

日本人と上海とのかかわりの歴史について、本書ではまずアヘン戦争から一九四五年の終戦まで五つの時期にわけてスケッチする。近代の日中文化は国家関係の変化に翻弄されつづけてきた。小説における異文化表象も例外ではない。五・三〇事件や上海事変はたんなる歴史的転換点だけではない。近代文学の想像空間のなかでも一つの分岐点となった。

異文化に向けるまなざしがいかに歴史的制約を受けたかは、村松梢風、横光利一、金子光晴、堀田善衞など、十人の作家が書いた作品を通して明らかにされている。華やかな都市生活、混沌とした世相、軽佻浮薄な風俗、戦火にまみれた市街、熾烈な革命的情熱、高揚した民族感情。文化的、社会的不均質性が遍在する上海には、変わらない歴史的属性はない。時代によって、また、見る人によってつねに大きく変形する。

ジャーナリズムと深いかかわりを持ち、私小説という独特の語りのスタイルが物語表象を支配した近代日本では、文学とジャーナリズムとの境界線は必ずしも鮮明ではない。その文化的な文脈のなかで、物語としての上海が構築された。作家の意図にかかわらず、虚構としての上海イメージは実像として流通し、情報として消費されていた。作品の分析を通して、フィクションが持つ歴史的表象としての側面が、いかに共同記憶として固定化されたかが浮き彫りにされている。

文学作品だけでなく、旅行記、回想録、従軍日記や旅行ガイドにも目が向けられた。それらのテクストは、上海がどのように見られ、上海についての情報がいかに伝えられたかを知る上でも役に立つ。

付録の「上海関係・出版物年表」は今後さらに充実させる余地があるものの、初歩的な手引書としては便利である。近代文学に描かれた上海はただ異国の都市風景を模写したものではない。夢想と幻滅の反復によって織り出されたテクストは、「他者」という鏡に映し出された日本人の心象でもある。近代日本精神史の一端はそこから読み取れるかもしれない。

（藤原書店・二九四〇円）

Ⅲ 二〇〇〇年

1・12 イラクは国際原子力機関による定期核査察を受け入れ.
3・ 8 営団地下鉄日比谷線中目黒駅付近で下り電車が脱線し，対向の電車と衝突.乗客4人死亡，64人が重軽傷.
3・18 台湾総統選挙が行われ，野党・民進党の陳水扁が当選.半世紀を超えた国民党長期単独政権に終止符が打たれた.
4・ 2 小渕首相が脳梗塞で緊急入院.5月14日死亡.青木官房長官が首相代理に.
4・ 5 森喜朗が自民党総裁，首相に選出.
5・ 7 プーチン大統領代行はロシアの第2代大統領に就任.
6・13 韓国の金大中大大統領は北朝鮮の平壌を訪問.朝鮮半島の分断後，初の南北首脳会談.
6・19 竹下登元首相が76歳で死去.
6・24 ヒトゲノム概要版が完成.
6・29 雪印集団食中毒事件.
7・25 コンコルド機が墜落し，114人死亡.
9・15 シドニー五輪が開幕.
10・ 6 ユーゴスラビアミシェロビッチ政権が崩壊.
11・ 5 旧石器発見ねつ造が発覚.
11・19 南米ペルーのフジモリ政権が崩壊.
11・26 米大統領選でフロリダ州再集計作業の結果，ブッシュ氏が537票差で勝利.
12・30 フィリピンで連続爆破テロ.

通信技術の発達で、アメリカ大統領選は以前よりも世界の注目を集めるようになった。二〇〇〇年の選挙では現職副大統領のゴア氏とブッシュ氏が拮抗し、フロリダ州などでは再集計という、ドラマチックな展開となった。選挙の結果も興味をひく。かりにブッシュ氏ではなく、ゴア氏が当選していたら、世界はまちがいなく変わっていたであろう。

小渕首相の突然の死去は政治のみならず、日本社会にとっても大きな出来事であった。森喜朗首相の支持率は前例のない低さであったが、外交の面では意外と健闘していた。十一月二十四日、日中韓の首脳会議がシンガポールで開かれ、二〇〇二年を三カ国の「国民交流年」とすることで一致した。ただ、人々の関心が国内に向けており、メディアでは金融工学、キャッシュフロー、ITなどがもっぱらの話題であった。

大平光代『だから、あなたも生きぬいて』が二〇〇万部のベストセラーとなった。ふつうの生き方よりも、数奇な運命のほうが広く注目を集めていた。

「ハリー・ポッター」シリーズは日本でもヒットした。二巻目の『ハリー・ポッターと秘密の部屋』が発売してわずか四カ月でミリオンセラーになった。マスコミでも頻繁に取り上げられていた。

『話を聞かない男、地図が読めない女』に対する注目は象徴的な出来事だ。人々は実用性を求め、「心」よりも「心理」、「人間性」よりも「脳」に関心を持つようになった。後に「心理学化社会」と呼ばれた現象はこの頃にさかのぼるかもしれない。

日中文化が交差する現場を再現する　『徳川吉宗と康熙帝』（大庭脩著）

アメリカでヒスパニック系反乱軍が全土を制圧し、クリントン大統領が壮烈な戦死を遂げた、コーエン国防長官は残部を率いて遠くハワイに逃れたが、合衆国を復活させるために、小渕首相宛てに自衛隊の精鋭部隊を五千人借りたい、との書簡を寄せた――かりにこんなことが起きたら、日本政府ははたしてどう対処するのか。小渕首相の顔面神経を想像するだけで楽しくなる。

荒唐無稽な近未来小説の筋書きではない。きわめて似た状況が約三百五十年ほど前に実際に起きた。一六四四年、ときの超大国である明王朝はマイノリティの満州族に滅ぼされ、清政権が誕生した。二年後、『国姓爺合戦』で知られる鄭成功の父親鄭芝竜は明王朝の名義で、五千人の兵士を借りたいとの書簡を後光明天皇と江戸幕府宛てに出した。徳川家光将軍のときであった。明の遺臣が抵抗を続けていたため、やがて中国沿海の住民が奥の地に強制移住させられた。この「遷界令」の実施によって、日中間の行き来は大打撃を受けた。十七世紀から十八世紀にかけて、日本にも中国にもある種の近代的な国家意識が芽生え、互いの異質性はより強く注目されるようになった。そのような状況の下で、文化交流の形式と中身はどう変わったか。唐船持渡書の研究で知られる著者は康熙帝と徳川吉宗が生きた時代に焦点を絞り、緻密な史料検証を通して、日中文化が交差する現場を再現させた。

造船術と航海術の発達によって、明代以降、日中間の唐船貿易は飛躍的な発展を遂げた。中国大陸から日本に渡ってきた商船はすべて民間のもので、専ら個人営利を目的としていた。清政府には痛痒を感じない民間の商行為だが、江戸幕府にとって存亡にかかわる大問題であった。漢籍は学問の対象だけでなく、法律の制定や行政の運営にとっても重要な情報源であるからだ。また、生糸、砂糖や漢方薬も生産原料や医療品として欠かせない。決済には主に金、銀や銅が支払われていたから、資源の過剰流出を抑制するために、幕府は貿易総額や一船あたりの積み荷を規制した。

目まぐるしく変化する大陸の政情を把握するために、長崎奉行は唐船の乗組員から最新の動向を聞き取り、それにもとづいて『華夷変態』などの文書が作られ、江戸に進達された。唐人風説書と呼ばれる時事レポートの作成と流通を、日中文化交流の一部分として扱うのは面白い着想である。風説書は歴史資料として難点があるとはいえ、幕府がその内容にもとづいて状況判断をし、対策が講じられていた。そのことを考えると、風説書の重要性は決して軽視できない。また、中国の庶民の目に政変や内戦がどう映ったかを知る上でも参考になる。たとえば呉三桂の孫は城中に焼死したが、遺骨は小箱に入れられ、十五の省に送られ、さらしものにされたという記述は『清史稿』にはない。鄭成功の孫である鄭克塽が降伏する直前に、台湾の軍民はすでに自信を失い、鄭克塽はカンボジアへの亡命を検討していたのもほとんど知られていないことである。

むろん風説書だけが引用されたわけではない。主な論述はむしろ厳密な実証にもとづいている。漢籍の伝来や校訂、医学人材の招来などについていずれも地道な調査が行われ、日記や手紙類にいたるまで幅広い資料が活用された。書庫からの、漢籍の出庫や入庫の日付についてさりげなく触れたところも、長年にわたる下調べの成果であろう。新しい資料の発掘によって、興味深い事実は次々に明らかになった。荻生徂徠の『度量考』と『楽律考』は『楽書』校訂の副産物で、『大清会典』に対する吉宗の関心は中央や地方の官制にあった。長崎奉行は清朝の地方誌の蒐集を命じられたが、吉宗の主な目的は地方の物産を知ることにある。強壮剤の人参をはじめとする漢方薬の栽培や、騎射の招聘、中国の馬やベトナムの象の輸入など、楽しいエピソードの数々も披露されている。

江戸日本は一方的に大陸文化を取り入れたのではない。漢籍の研究は中国にも学問の恩恵をもたらした。東シナ海を幾たび往復した唐の刑法典『唐律疏議』はその証拠である。この法律書は一時中国で散逸したが、徂徠の弟である荻生北渓は日本に伝えた版本をもとに校訂した。享保十二年、長崎に渡来した沈爕庵は吉宗に再校訂を命じられたが、作業を終えた後、沈は許可を得てその写しを清に持ち帰った。ときの刑部尚書（法務大臣）勵廷儀に献上したところ、希代の書として高い評価を受けたから、北渓の仕事は中国でも認められたであろう。享保二十一年に沈は勵廷儀の序文を携えて再び来航し、その序文を載せた『官版唐律疏議』は文化三年についに出版されるまでに至った。ちなみに同書が中国で刊行されたのは民国になってからのことである。日中文化がいかに深く関係していたかがあらためて思い知らされた。

（大修館書店・一九九五円）

歴史文化的な文脈から読み解く『中国 権力核心』(上村幸治著)

一九九七年十月、江沢民はアメリカ公式訪問を終える前に、ロサンゼルスの華僑が催した宴会に出席した。訪問の成功に酔いしれたのか、席上、京劇『捉放曹』の一節を即興に披露した。とはいっても歌ったのは「一輪の明月、窓下を照らす」のたった七文字だけである。ところが、出席者たちは一様にみずからの耳を疑った。一瞬の間をおいて、割れんばかりの拍手が起きた。ハプニングはすぐに香港のメディアで報道され、海外の華人社会でしばらくこの話題で持ちきりであった。

所詮、酒の後の余興なのに、なぜ華人社会は過剰に反応したのか。『捉放曹』は『三国志演義』のエピソードを題材にした京劇。董卓の暗殺に失敗した曹操が捕らえられ、処刑される身になった。案件の処理を担当した地方官吏陳宮は曹操の才能を認め、彼を見逃しただけでなく、二人で一緒に逃走した。途中、曹操は猜疑心から自分を助けた知人の一家を冷酷に殺した。一部始終を目撃した陳宮はすっかり後悔し、夜空の月を眺めながら、間接的に殺人に手を貸した悔恨の気持ちを歌った。「一輪の明月」云々は冒頭の一句である。何事も深読みする中国人が何を連想したかはもはや言うまでもない。人々の関心は一点に集中した。この突飛なパフォーマンスにはいったいどんなメッセージが隠されているのか。

詳細は本書を読んでほしいが、なにしろ暗示や当てこすりがことのほか好まれる中国のことだから、笑って済ませることはできない。複雑な政治力学を理解するためには、些細なサインも見逃せない。銃弾が飛び交うなかで天安門事件を取材し、北京特派員を四年も経験した著者はそのことを熟知している。だからこそ、奇々怪々な政治パズルを裏の裏まで正確に解読できた。

ここ十年来、中国社会は転換期を迎え、政治的にも文化的にも劇的に変化した。きっかけは一九八九年の天安門事件である。だが、伏線はもっと古くからあった。本書は鄧小平、胡耀邦、趙紫陽、李鵬、江沢民、朱鎔基など中国指導者たちの浮き沈みに焦点をしぼり、権力移行の必然性と偶然性を探った。人治の社会では個人の意志が政治を大きく左右するから、指導者の素顔に迫るのは不可欠の手続きである。かといって本書は伝記的事実の瑣末《さまつ》さにとらわれているわけではない。むしろ指導者の運命を通して、現代史の全容を浮かび上がらせた。

権力に近い人たちのなかに広く人脈を作り、正確な情報を聞き出した手腕は見事である。上層部の駆け引きから、指導者の経歴、親族関係にいたるまで、これまで知らなかったことを多く教えられた。情報量の多さ、内容の面白さにおいては『毛沢東の私生活』以来であろう。評者は現代政治にほとんど興味はなかったが、本書を読んで、久々に知的関心を刺激された。巧みな文章力も手伝って、中国を知る情報本を超えて、魅力的な読み物になっている。中国で翻訳出版されたら、ベストセラーになるに違いない。

もっとも評価すべきは、現代政治を歴史的、文化的な文脈において読み解く試みである。中国は文字の国だから、公式文書、新聞記事から演説、インタビューにいたるまで、言い回しの微妙な変化や矛盾点を著者はいっさい見逃さなかった。また、政府要人の言動、映画や芝居を見るときの反応などにも注目し、状況分析の材料として巧みに使いこなした。政治分析の過程において、文化背景の理解がいかに重要なのか、具体例を通して示されている。

（文藝春秋・二〇〇〇円）

古典を読むことで広がる世界を見る目

『ダンテの地獄を読む』（平川祐弘著）『老子と暮らす』（加島祥造著）

翻訳者が自分の訳書について語る本が相次いでいる。そのなかの二冊に目を引かれた。いずれも古今の名著だが、語る趣はそれぞれに異なる。前者は文芸比較の視点から『神曲』を精読したのに対し、後者は『老子』の思想を実践した日々を記録した。ただ、古典を読むことで、世界を見る目がより深みと広がりを持つようになった点では共通している。

『ダンテの地獄を読む』の著者は『いいなづけ』などの名訳で知られている。『神曲』についてはこれまでいくつかの論考が刊行されたが、今回はその集大成といえる。大学での講義をもとに、女子学生の反応も視野に入れたから、学術書にありがちな堅苦しさはない。イタリア文学についてそれほど予備知識を持たなくても気楽に読める。

『神曲』のなかから地獄篇だけを取り上げたのは、方法論的な理由がある。著者がいう「広角の文芸比較」の視点から見ると、地獄というテーマはもっともふさわしいからだ。

一国文学という狭隘な枠を取り払い、広く東西文学のなかにおいて作品を縦横無尽に語る。著者の得意とする批評法だが、本書でもその手法が思う存分に発揮された。五部十四章からなるスケールの大きい論評は、縦と横の軸に沿って展開された。まず、西洋文芸史の時系列から『神曲』を捉え直し、一二六五年生まれのダンテがなぜ「ロマン主義者」として位置づけられたかについて論じた。どの国の文学も同じだが、偉大な文学は必ず先行作品の恩恵を受ける。『神曲』も例外ではない。ダンテとウェルギリウス、ボッカッチョ、マンゾーニらとのあいだの継承ないし影響関係についての論証は、この詩人がイタリア文学の代表的作家とされる理由を明快に示した。また、同一旋律の反復、音韻や用語の反復など、表現技法の細部についても丁寧な読みが行われた。

一方、東西の詩歌や文学的イメージの異同は横の軸に沿って解明された。なかでも謡曲との対照、『往生要集』の地獄と『神曲』の地獄の比較は本書の双璧とも言える。

世間でいう作品論とはひと味違う。著者は文学論よりもむしろ文化の平行比較に重きを置いている。とくに第四部〈『神曲』から「甘え」を読む〉がそうである。日、伊、米の文化に対する「三点測量」は、イタリアはアメリカよりも、日本の方と文化的親近性を持つ、という興味深い結論を導き出した。

本場のダンテ学と異なる『神曲』解釈ができたのは、日本に立脚した複眼的な思考の結果である。たとえば、イタリア文学とラテン文化との関係性を鋭敏に読みとれたのは、両者の関係は漢文化と東アジアの各国文化との関係になぞえられる、と考えたからだ。

アーサー・ウェィリーの英訳を読んで、「古くさくて退屈」と思った謡曲の豊かな詩情を知ったのと同じように、『老子と暮らす』の著者もウェーリーが訳した白楽天を読んで、「心の奥深くまで感じ取れなかった」漢詩の美しさを再発見した。ウェーリーの翻訳は原作の一字一句を平行に移したのではない。東西文学の文脈に即して、原作の表現を大胆に変えたり、英語に訳せない掛詞や縁語を思い切って削ったりする。機械的な正確性よりも、訳された作品の芸術性を追求していたからだ。

ウェーリーの翻訳美学に感化を受けて、『老子と暮らす』の著者も大胆で面白い実験をした。「何よりもすすめたいのは／『水のようであれ』ということだ／水はあらゆるものに生命を与え／あらゆるものを養いそだてる。／そんな大変な力をもっているのに／争わないのだ／人のいやがる低いところにも／流れ込んでゆく……」。この「現代詩」が『老子』の訳だとは誰が想像したであろう。原文を読んだことのある者なら、誰もが新鮮な感動を覚えるにちがいない。

この『老子』のよき理解者は、テクストを講釈するかわりに、日常のなかにおける老荘哲学の実践を披露した。信州の伊那谷に居を定め、日々山水を眺め、草花をめでる。風の音を聞き、肌で雪の冷たさを感じる。自然のなかに帰り、自然のままに生きる。そんな生活を通して、生きる意味を見つめ直し、「自由」「孤独」「偶然」についての思索を深めていく。心の声にしたがい、命の自由を尊重する大切さを語るあたりを読んで、心が洗われるような思いがした。古典を頭で理解し、一字一句にこだわるのではない。身体で感じ取り、五官で体得する。この美しい詩文集が人をひきつけて離さない魅力はここにある。

（河出書房新社・四〇九五円、光文社・六五〇〇円）

多彩な質的転換が身近に読める

『中国現代文学珠玉選』小説1、小説2（丸山昇監修、1・芦田肇主編、2・佐治俊彦主編）

現代批評理論のおかげで、中国の近現代文学を見る目は大きく変わった。欧米文学をモデルとする時代は過ぎ去り、十九世紀小説の遠近法で文学を捉える意味はなくなった。作家と作品の関係を相対化し、ナラティヴの偶然性に着目することは奥行きと広がりのある批評を可能にした。

そもそもこの百年来の中国文学をどう評価するかは、二十世紀の文学批評のアポリアであった。魯迅や老舎など数人の作家は例外として、中国の近代文学は全体として日本の読書界で評判は芳しくなかったようだ。芥川龍之介の酷評はともかく、中国文学に詳しい武田泰淳も「政治的な思想だけが堆積して、哲学的な思想は思想あつかいされない。文学のなかに非文学があり、非文学の中に文学がありそうに見える」と論断した。

日本と中国のあいだのそうした感性の断絶は、なぜ生じたのか。近代以前の「文学」との連続性／非連続性、文学とイデオロギーとの関係、情緒表現に対する注目度、文化生産／消費の回路の異同など、いくつかの理由があげられよう。

一方、翻訳紹介にも問題があった。毛沢東時代における、文学に対する政治の介入は教条的な文化序列を作り出した。戦後日本における中国文学紹介もその余波を受け、翻訳作品の取捨選択にはしばしばイデオロギーの篩いが用いられた。歴史的選択として、それはそれなりの必然性があったにせよ、今日こそ文学の政治化過程に排除された作品に眼を向けるべきであろう。そのことを意識して翻訳されたのが本書である。中国文学の代表的な作家だけでなく、日本でほとんど聞いたことがない小説家たちの短編も多数紹介された。

批評用語として、中国語の「現代文学」はおおよそ日本の「近代文学」に相当するが、もっと正確にいえば、「五四」新文化運動から中華人民共和国が成立するまでの時期を指す。本書の「現代文学」もこの語法にもとづいているから、選ばれたのは一九一〇年代から四〇年代までに書かれた作品である。わずか三十年の歳月とはいえ、中国文学が質的な転換を遂げた時期であった。その間、表現内容においても、文体やレトリックにおいても多彩な実験が試みられた。

いかなる言説も文化の権力関係から逃れられない以上、文学の選別において、脱イデオロギーの過程は同時に新たなイデオロギー的編成を意味する。ただ、再編成の反復を通して、近代文学の全貌がより明らかになることは疑えない。その意味では本書はよい端緒を開いたといえる。

どの作家のどの作品を選ぶかはれっきとした文学批評であり、また新たなスペクトルへと展開する可能性を示したことにもなる。たとえば沈従文、呉組緗などの作品は、装飾的な土着性に対する言語的欲望がなぜたえず生産されたかについて考えるきっかけを提供し、穆時英、施蟄存や張愛玲らの小説によって、都市空間の経験が物語表象をいかに屈折させたかについて新たに探る必要性が示唆された。

浩瀚《こうかん》な作品群から各時代を代表する作品を三十篇ほど選び出すのは容易なことではない。そこでチーム翻訳の威力が発揮された。二十人におよぶ訳者はそれぞれの領域で培われた批評眼と知見を生かし、中国文学を知る上でもっともふさわしい作品を選定した。必ずしも網羅的ではないにせよ、この二冊を読めば、近現代中国文学がより身近になることはまちがいない。

（二玄社・各一八九〇円）

乱世を生きる英雄の実像にせまる　『曹操――魏の武帝』（石井仁著）

京劇に出てくる曹操は真っ白な顔をしている。白をベースにした隈取りは京劇で奸佞や邪悪を暗示する。このメークアップにも当然同じ意味合いがこめられている。中国の庶民が曹操のことを悪人だと思ったのは、演劇や講談の影響が大きい。本書は、そうしたイメージは南宋の朱子学に由来すると指摘した上、緻密な史料考証を通して、曹操の本当の人間像に迫った。

曹操を扱うには多くの困難が伴う。たんに先行書が多いだけではない。三国時代に派手に活躍しただけに、その事跡が史書に記録されたばかりでなく、野史や筆記文学などにも多く散見する。古い文献だからといって全面的に信用するわけにはいかない。

何よりもまず史実か文学的誇張かを見きわめなければならない。それにはしっかりした読書力と鋭い分析力が必要である。正しい歴史的評価を導き出すために、著者は広く史料を渉猟した。『三国志』『後漢書』『晋書』はいうにおよばず、『水経注』のような地理書まで視野に入れられている。また、史実とフィクションが混じる『魏武故事』や『魏晋世語』、および『世説新語』などからも役に立つ情報をより分け、正確に使いこなした。

同時代の人物伝にほぼ目を通した手堅さは、幅広い引用からもうかがえる。しかも、文献に引きずり回されるのではなく、引用される資料について周到な分析が加えられている。

その上、記述の背景を考究し、行間の意味を読み取り、文章の裏に隠されたメッセージを探る。史書の内容については決してそのまま鵜呑みするのではない。ときには疑問を投げかけ、そこから大胆で興味深い推理を引き出した。たとえば、曹操を孝廉に推挙した人が記録されていないことから、「あまり触れられたくない人物の」王吉を割り出し、曹操の父親・曹崇の伝記的事実が見当たらないことを根拠に、曹崇が異姓養子であることを推定した。

ここまで書くと、なにやら小難しい専門書のように思われるかもしれない。だが、本書の長所は論述の正確さを保ちながら、一般読者にも読みやすいように工夫されたことである。漢末の戦乱を利用し、みずからの抱負を実現させ、天下統一をはかる曹操の一生は、同時代の英雄たちの物語を織り交ぜながら、面白く語られている。冷徹な指揮官としての姿だけでなく、情に流れやすいという人間味にあふれる一面も明らかにされた。割拠と乱戦の複雑な構図を明快に解き明かす手法は鮮やかで、リズミカルな語りも魅力的である。

（新人物往来社・二九四〇円）

道教の思弁の迷路を解き明かす

『不老不死という欲望――中国人の夢と実践』（三浦國雄著）

現代中国では儒教の影響はほとんどなくなったが、道教的な思考法や身体観はいまも「迷信」や慣習として日常のなかに色濃く残されている。法輪功がわずか数年のあいだに急速に拡大した理由の一つに、そうした道教的な基盤があげられよう。

一口に道教とは言っても、宇宙解釈から、風水、養生論にいたるまで、内容は多彩多様である。ただ、絶対的な聖典がなく、同じ観念についても、時代によって人によって諸説が分かれている。宗教体系としてやや厳密性と統一性を欠くため、道教のドグマはつねに煩雑でわかりにくい。

本書は不老不死の願望をキーワードに、道教の独特な思弁の迷路を解き明かした。宗教を理解するにはまず信仰を生み出す文化的土壌を分析しなければならない。不老不死というアングルの設定は、連続した思想史の展開において道教的思考の解析を可能にした。

キリスト教もイスラム教も仏教も精神の不死を追求し、魂の救済を目的としている。それに対し、道教は現世志向が強く、肉体の不死を宗教的目的とする。本書は、不老不死の系譜、不老不死の根拠、不老不死の方法、不老不死の空間などいくつかの角度から道教思想の根源に迫った。

不老不死の考えは道教が誕生するまえに、神仙思想としてすでに古代中国にあった。道教に取り入れられてから理論化され、不死の空間に到達するための「生理的実践」も考案し出された。複数の方法のなかで、もっともよく知られるのは不死の霊薬──「丹」を造る錬丹術である。

不死の霊薬は有毒成分が含まれているため、さまざまな弊害をもたらした。宋代の頃になると、人間の体内で不死の「丹」を造成する「内丹説」が登場した。徒労をくり返した「外丹」術に比べて、「内丹説」は革命的な発想転換である。不死を目指す点では「外丹」も「内丹」も同じだが、気を薬物と見立てる「内丹」術の基本はイメージ・トレーニングだと著者はいう。現在、健康法として広く実践されている気功や太極拳などのたぐいもその延長にある。

不老不死のための努力は、気の存在という前提のもとで行われる。そもそも中国思想では物質と精神とを対立概念としてとらえることはほとんどなかった。というより、物質と精神を区別する習慣さえなかった。また、両者を分離しなかったからこそ、気という観念が生まれたのであろう。

道教のなかでも物質と精神は気によって構成された同質のものとされている。本書によると、気は連続し運動する物質＝エネルギーである。気は形象を持たない不可視の存在だが、すべての現象界の基本的な構成単位である。通常、気は媒介として働くが、媒介されるものと同質であるため、被媒介者に転化することもありうる。良い「外気」を取り入れることによって健康が維持され、ひいては不老不死に至る、とする考えはそのような気の理論を根拠としている。気功が病気治療にも一定の効果をあげていることを考えると、そうした非「科学的」な思想には、案外現代科学でまだ解明されていない真理が隠されているかもしれない。

道教は興味が尽きない宗教だが、教義が難解であるため、信仰体系についての理解はしばしば敬遠される。本書のおかげで道教の生命観だけでなく、その背後にある中国的思考法もわかりやすいものになった。専門研究の成果が一般読者にも理解できる形で公刊されるのはありがたい。

（人文書院・二三一〇円）

文化の多元化を生み出すプロセス

『グローバリゼーション 文化帝国主義を超えて』(ジョン・トムリンソン著)

長年、東京に在住していた知人は上海に戻ってから、帰国後の感想についてこう語った。新興住宅地のマンションに住み、外資系デパートやローソンで買い物をするかぎり、東京での生活とほとんど変わらない。インターネットの利用はもちろん、空調のきいた部屋で衛星放送を見ていると、一瞬まだ東京にいるような錯覚に陥るという。必ずしも平均的な上海市民の生活感覚を代表していないかもしれない。しかし「日常」は地理的、政治的、文化的距離を超えて日に日に接近し、平均化してきていることは否めない。

グローバリゼーションについて、これまで政治的、経済的な角度から論じられることが多い。本書は文化論的な見地からの言説に注目し、批判的な分析を加えた。その上、グローバリゼーションと文化との諸関係について自らの見方を示した。グローバリゼーションはしばしば「国際化」の同義語と見なされているが、両者のあいだにはっきりした違いがある。後者が国民国家の強化を前提とする「国‐際」間の秩序と調和をめざしているのに対し、前者は境界が後退ないし消失しつつある現状を指している。そのため、グローバリゼーションという言葉は喪失感とともに語られることが多い。

拒絶反応はいくつかのパターンに分けられる。なかでももっとも危惧されるのは、アメリカによる文化支配である。前著『文化帝国主義』のなかで欧米による文化支配を批判した著者は、そうした懸念はまったくの杞憂に過ぎないと力説する。本書によると、現在、あるいは将来予見されるグローバルな文化的状況は決して「西洋の勝利」ではない。欧米に起源する諸制度の広がりは、むしろ西洋の文化支配力の低下を意味している。そもそも現代消費文化ははたしてどれほど西洋の精神文明を体現しているか甚だ疑わしい。マクドナルド、コカ・コーラやハリウッド映画などは、文化侵略の最たるものとして世界中で嫌悪されているが、欧米の知識人にしてみれば、そんなものは彼らの文化アイデンティティを代表しているわけではない。自己複製によって量産された軽薄な消費文化は西欧でも初めは他者として経験されていた。

グローバリゼーションは生活文化の標準化を加速させる反面、文化の多元化も生み出している。海外旅行やインターネットなどの経験を通して、異なる信仰や多様なライフスタイル、周辺的な風俗慣習に対する意識はたえず刺激されている。その意味では、グローバリゼーションは決して一方通行的な西洋化ではない。注目すべきは、文化の「脱領土化」という指摘である。すなわち、グローバル化のプロセスにおいて、文化はその生まれる場所とのあいだに、かつてあったような地理的な結びつきや社会的なつながりといった「自然な」関係はすでに喪失した。多国籍化する食卓、越境する映像やウェブサイトなどからも見られるように、グローバリゼーションは必ずしも外部世界から押しつけられたものではなく、むしろ内部の集団的意志によってもたらされた結果である。しかしグローバルな文化的状況を考えるときに、この視点は往々にして欠落している。

メディアによるコミュニケーションは人類の文化的経験を大きく変えている。IT技術によって次から次へと登場した通信手段は別として、すっかり古典的なメディアになったテレビでさえ今なお大きな媒介力を持っている。著者はダイアナ妃の死に対する異常な反応を取り上げて、そのことを論じている。葬儀のために世界の各地から一般市民までがロンドンを訪れたという事実は、グローバルな「テレビ共同体」がいかに映像メディアを通して、想像上の関係性を「現実性」に変えたかを、鮮やかに示している。ニュー・メディア・テクノロジーによって、家族関係だけでなく帰属意識まで大きく変容している。今後、この趨勢《すうせい》はさらに続くであろう。

むろんグローバリゼーションはかえって国民国家の防御線を強化させ、ナショナリズム的な感情を肥大化させる一面も確かにある。しかし文化的偏狭性もグローバルな文化的状況が生み出した一局面である以上、流れ自体は今後もそう変わらないと著者は見る。ローカルとコスモスのあいだを仲介する国民国家はこれからどこへ向かい、人類文化ははたしてどう変わっていくのか。見方が分かれるところである。そのことについて考えるとき、多様な言説を拾い上げ、入念に吟味した本書はかなり参考になる。著者は論述の厳密性を追求するあまり、所々内輪の語りになっているのが気になる。とはいえ、今後、グローバリゼーションについて語るまえに、本書に目を通さなければならないのはまちがいない。

（片岡信訳、青土社・二九四〇円）

西洋への入口から耽溺の街へ　『魔都上海』（劉建輝著）

「魔都」という言葉は近代日本と中国とのかかわりの一端を象徴的に表している。筆者が知るかぎり、中国語にも英語にも同様のメタファーはない。文化批評のことばとして、「魔都」の二文字には半植民地文化に対する鋭い洞察が込められている。一方、近代が生み出したハイブリッド文化に対するアンビヴァレンスも、もっとも濃縮した形で表出されている。

この辛辣な文化批判は同時に近代日本の精神性をもさらけ出す。上海が日本人にとって「魔都」に見えるのは、日本的近代性の特質を露見したからだ。その精神史的軌跡をたどることは、日中文化交差に対する再吟味であり、また近代日本の文化心象を読み直すきっかけにもなる。

長江下流の小さな漁村が注目されるようになったのは、幕末以降のことである。それ以来、多くの日本人がこの地を訪れた。上海はそれぞれの時代に異なるイメージがあった。日本にとって自分自身を映し出す鏡であり、また反面教師でもある。本書はそのような異空間の経験を近代日本の精神史の一側面として捉え、幕末、明治、大正と昭和など四つの時期に分けて追跡した。

明治維新を境に上海の役割は急変した。これが本書で提起されたもっとも重要な論点の一つである。

幕末の最後の十年に、外部世界に目を向け始めた武士たちは、西洋を知る窓口として上海を利用した。なかには渡欧途中に上海を訪れた者もいれば、直接上海から近代化の情報を収集しようとした人たちもいた。

アヘン戦争後、上海は東アジア情報ネットワークの中心地でもあった。欧米を紹介する書籍は宣教師たちによって翻訳され、英華辞典も編集された。著者によると、そうした漢訳洋書は日本人を西洋文明に開眼させただけでなく、近代国民国家のモデルと国家意識をも提示した。

明治維新の後、近代化に成功した日本にとって、欧米発の情報中間基地として上海はすでにその役割を終えた。上海は一瞬にして近代化の象徴から、西洋文化の占領地に成り下がった。華洋が雑居し、新旧が混在する上海は、明治期以降の日本人の目に奇妙で謎めいた都市に映った。一方、まさにその文化的無国籍性は文学者たちの想像力を羽ばたかせた。著者は「ロマン」、「頽廃」、「モダン」をキーワードに、明治、大正、昭和文学における上海イメージの生産と流通の過程を描き出した。

欧米文化を伝える漢訳洋書がどのように上海で作られ、いかに日本に伝来したかについては、本書の重要なポイントの一つである。上海経由の西洋文化受容はこれまであまり触れられたことがなかっただけに、注目に値する。

旅行という制度の成立を、異郷を描く文学を生み出す背景として捉えるのも面白い試みである。ツーリズムの発達は、確かに異文化空間で夢を見つけ出そうとする欲望を実現可能なものにした。

日本近代文学における上海像には共通する特徴がある。過剰な思い入れと過度の蔑視の背後には同様の心理が働いていた。たとえば、谷崎潤一郎にとって、上海は魅力的な「水の都」であったにもかかわらず、芥川龍之介にとって西洋化の流弊を醜悪なまでに拡大して見せるマジックミラーであった。しかし近代という強迫観念に疲弊した点から考えると、両者は対立しているのではなく、むしろ通底していると見るべきであろう。その点について今後さらなる展開を期待したい。

（講談社選書メチエ・一六八〇円）

なぜ『街道をゆく』が書かれたか　『司馬遼太郎の歳月』（向井敏著）

司馬遼太郎の出現は文学の出来事だけでなく、一種の文化現象ともいえる。彼は歴史題材を扱いながら、時代の雰囲気を敏感に感じ取り、それに応答するように作品を書いてきた。読者との距離の近さは逝去のときの反応を見れば一目瞭然である。同じ時代小説の作家でも、たとえば藤沢周平の場合とは反響がまったく違う。なぜ、そうなのか。原因はおそらく小説の善し悪しにあるのではなく、むしろ晩年の言論活動と深いかかわりがあるようだ。いったい彼の文明批評はどのように位置づけをすべきか。そのことについて、これまで文学の問題としてほとんど語られてこなかった。本書は司馬遼太郎の紀行、随筆を取り上げ、作品の周辺にもひろく目配りをしつつ、その解読に挑んだ。

司馬遼太郎の小説と随筆は、一見かなり性格が違うように見える。しかし著者は両者のあいだに共通するものがある、と指摘した。それはすなわち、文明と歴史に対する批評の意識である。司馬遼太郎の小説にはもともと批評性の占める比重が大きい。とくに明治という時代を全方位に捉えようとした『坂の上の雲』では、批評性はついに物語性をしのぐようになったと著者はいう。六十歳を超えたあたりから、小説という形式でみずからの考えを伝えることに、一種のもどかしさを感じたらしい。

そこで、「ものごとの核心を言い当てる批評という形式で直截に思うところを語ってゆきた」くなったのではないか、との結論が導き出された。

この謎解きによって、『街道をゆく』、『この国のかたち』を執筆する動機が明らかになった。と同時に、司馬遼太郎の小説がなぜあのような形式を取ったかも解き明かされた。そもそも司馬遼太郎の小説には、従来の小説というイメージからはみ出した表現が多い。だが、本書によると、あの一見雑然とした書き方も、作家にしてみれば一つの語りの戦略であり、また批評の才の現れでもあった。司馬遼太郎の小説がおもしろいのはほかでもなくその批評の才によるものだ。

紀行文や随筆を司馬遼太郎の歴史小説と並べて眺めると、両者が緊密につながっていることに気付く。かりに歴史小説の方が過去への想像の旅であるとすれば、晩年の古街道めぐりは、想像の旅に対する時空間の再確認といえる。歴史人物の性格と風土とを結び付ける捉え方も、司馬一流の文化・文明論も、さらにはエピソードのあしらい方の巧さも、その紀行文や随筆においてじつは小説と軌を一にしている。というよりも、両者は絨毯《じゅうたん》の裏表をなしていると言ってよい。

「日本人の祖型のようなもの」をさぐりつづけてきた司馬遼太郎は、国家のあるべき姿について、つねに羽ばたく歴史的想像力で捉えようとしてきた。国民国家のありかたに対する並々ならぬ関心がひろく共感を呼んだ意味では、まさに二十世紀的「国民文学」といえるかもしれない。じじつ、大衆文学のなかで、司馬遼太郎ほど共同体への情熱をかきたてる作家は珍しい。

司馬遼太郎が最後に手に入れた方法は、「歴史が形づくられた現場に読者を立ち会わせるという描法」である。著者は鉄砲伝来の道をたどる旅、山片蟠桃に対する評価、「写真読み」という独特の読書法など、興味尽きない話題を披露しつつ、その歴史紀行、歴史随筆のおもしろさを縦横無尽に語ってくれた。本書によって、司馬遼太郎の世界はいっそう身近になっただけでなく、その人間的魅力を知ることもできた。

（文藝春秋・一五五〇円）

移民国家の精神を明晰な言葉で

『アメリカ文化と日本――「拝米」と「排米」を超えて』（亀井俊介著）

外国文化をまえにしたとき、誰もが反射的に「比較」の意識を前面に出してしまう。異質性を理解する上で、比較文化の視点はむろん必要である。しかし、現象についての安易な比較は、かえって正しい認識を妨げ、ひいては異文化に対して誤った対応を招く。

明治以来、日本にとってアメリカはずっと重要な外国である。そのことは今もまったく変わりはない。というより、相互依存度はむしろ増大している。しかし、だからといってアメリカ理解にはまったく問題がないわけではない。海外旅行が普及し、誰でもアメリカにいけるようになった。にもかかわらず、振り返ってみると、盲目に崇拝する時期と、嫌悪の感情が主流を占める時期はいつも交替して出現する。著者はそうした現象を「拝米」と「排米」と呼び、ペリー来航以来の百五十年間、日本はずっと「拝米」と「排米」の感情のあいだに揺れていると指摘する。

「崇拝」と「排斥」のあいだで揺れ動いていては、真実が見えてこない。本当のアメリカ文化とは何か。どうすればアメリカ人の精神性を知ることができるのか。『サーカスが来た』、『マリリン・モンロー』などの著書で、アメリカ文化をおもしろく読み解いた著者は、まず、この移民国家の歴史、風土および人々の精神性を明晰《めいせき》な言葉でヴィヴィッドに分析してみせた。

誰もがアメリカについてある種のイメージを持っている。本書を読むと、それがいかに当てにならないか、つくづく思い知らされた。たとえば、アメリカ人はなぜヒーローを求めるのか。それはアメリカ人は不安な国民だからと著者はいう。強さを競い、陽気に振る舞うのは表面的な現象に過ぎない。つねに新しい土地と新しいチャンスを求めて移動するアメリカ人は、精神的には一種の根無し草のような存在である。その生活態度や価値観には必然的な不安をともなっている。

アメリカ人は自己主張が強く、会話によるコミュニケーションを大事にする。そのことは誰もが知っている。しかし、なぜそうなのかはあまり考えたことはないであろう。本書によると、アメリカは移民の国家で、まわりはみなストレンジャーばかりだからである。自分が何者かについてまわりに説明しなければ理解されないし、そもそも社会生活が成り立ちにくい。だから初対面の人にも滔々と語りかける。

身近な文化論にとどまらず、アメリカ人の心を理解するために、詩人のホイットマン、小説家マーク・トウェインの世界にもメスを入れた。専門家を想定したテーマながら、素人にもわかりやすく語られている。

福沢諭吉と夏目漱石の西洋受容は違う角度からこの問題にスポットライトを当てた。欧米文化と格闘した二人の経験は、日本人の精神的軌跡を示したと同時に、今後の異文化接触にとっても一つの道しるべとなるであろう。

新しい知見をおもしろくわかりやすく説き聞かせる本は、世の中にそう多くない。本書は文句なしに三拍子がそろっている。たんにアメリカ文化と日本との関係のみならず、異文化理解における普遍的な現象を指摘したことに、本書の価値がある。外国に対し、好悪の両極端のあいだで揺れるのは何も日本だけではない。とくに文化的、地理的に近い国のあいだでは、愛憎の感情が混在する例が多い。過度な嫌悪は、ときには敬慕の裏返しでもある。冷静な目で相手を観察し、淡々とした気持ちで付き合うことは難しいが、大切である。そのことを痛切に感じさせられた。

（岩波書店・二三一〇円）

浮かび上がる物語のシルクロード
『蛇女の伝説――「白蛇伝」を追って東へ西へ』（南條竹則著）

東アジアの民話では、蛇のイメージは「女」の形象と不思議な関係がある。美女に化け、男をたぶらかす動物として、まず狐があげられるが、次に多いのは蛇である。日本では近世文学にこの象徴的な連想関係が成立し、上田秋成「蛇性の淫」など、蛇と女とを結び付ける小説が登場した。民間伝承の世界となると、もっと古くさかのぼるかもしれない。

江戸文学における蛇と女の複合観念は出所がはっきりしている。その原型と伝播のルートをたどれば、中国の白蛇説話に行き着くからである。ところが、本書の著者は源流はもっと西の方にあるのではないかと疑う。きっかけは中学生のころ読んだキーツの詩集。「レイミア」という叙事詩には、『白蛇伝』と類似した物語が織り込まれているからだ。両者の関係を究明するために、浩瀚《こうかん》な物語群を読破し、気が遠くなるような東西の文献を調べた。その結果、口承文学のシルクロードが存在した可能性が浮かび上がってきた。蛇女物語にはヴァリアント（変型）が多い。話の源流をたずねるのに、二つのモチーフが物語の類型を見分けるものさしにされた。一つは「蛇女による若者の誘惑」で、もう一つは男女の仲を裂く「聖職者による妖怪退治」。いずれも物語の根幹をなす重要な部分である。

中国の蛇女については、諸家の説を参考にしながら、まず宋以前にさかのぼって考究する。もっとも古いテキストは『太平広記』に収録された唐の「李黄」であることを突き止め、さらに大陸の蛇女物語には雷信仰のテキスト群が紛れ込んだことを明らかにした。

おもしろいのは西洋における蛇女物語の探検である。キーツの「レイミア」は一六二一年初版のロバート・バートン『憂鬱の解剖学』と、一七八八年初版のランプリエール『ギリシア・ローマ事典』から材料を取った。前者にはこんな物語が引用されている。ある若者が道端で美しい貴婦人に出会い、恋に陥ってしまった。ところが、結婚パーティの席上、哲人アポロニオスが現れ、女の正体は蛇だと暴く。その瞬間、豪華な屋敷も絢爛《けんらん》たる調度品も女とともにまたたく間に消えてしまった。『白蛇伝』と似た物語に十九世紀英国の詩人が共鳴し、ついに「レイミア」が誕生するにいたった。

バートンの引用はピロストラトス『テュアナのアポロニオス伝』の関係する箇所にもとづいている。ピロストラトスは二、三世紀頃の哲学者で、アポロニオスは一世紀初めの生まれである。すると、蛇女物語の源流は一気にギリシア時代にさかのぼる。原作には、蛇女が食べる目的で若者を誘惑するという告白があるが、バートンの引用では省略された。そのため、キーツが詠んだレイミアは蛇が化けた妖怪であるにもかかわらず、心優しく、情け深い女として描かれた。「レイミア」が「白蛇伝」を連想させるのはそのためである。

ギリシア神話には、もともと蛇と女のイメージが重なる話が多い。髪が蛇であるメドゥーサは周知の通りだが、ヘロドトス『歴史』をはじめ、ギリシアの文献にも蛇女は多く登場するという。蛇と女の連想関係は家父長支配のもとで生まれたとする通説はよく知られている。すなわち、太古の時代には大地母神と一体の蛇が女性原理の象徴として崇拝されていたが、男性原理が支配する神話の時代になると、守り神であった蛇神は、男神に殺されるべき悪魔とされるようになった。

問題は、ギリシア・ローマの蛇女物語と中国の蛇女物語とのあいだに接点があるかどうかである。アポロニオスの生い立ちから、著者は大胆な仮説を打ち出した。すなわち、蛇女伝説の原型はアナトリアに起源を発し、ローマ帝国からペルシャに広まり、中央アジアを経由して、イラン系の胡人《こじん》たちによって長安に伝わった、という推理である。文献学的な根拠はともかく、可能性としては十分ありうるであろう。なによりも想像をふくらませて楽しい。

民間伝承の世界では、テキストとして残されたのはそのわずかな部分に過ぎない。しかも物語の変種は多く、扱うのに困難が多い。とくにいくつもの文化圏を越え、通過する地域の要素を取り入れながら、広く伝わる話は厄介である。その源流をたどろうとすると、いきなり泥沼に入ってしまう恐れがある。その泥沼にあえて深入りし、蛇女の物語群を通して、東西文化が伝播し、響き合う様子を探る「蛮勇」には敬意を表したい。古今の文献をひろく渉猟した結果、多くのテキスト群がつながっていることが明らかになり、これまでまったく知らなかったことを多く教えられた。話がところどころ脇道に逸れて、叙述がやや散漫になるのは惜しまれるが、文献探偵のおもしろさと、大胆な推理の魅力を十分に堪能することができた。

（平凡社新書・七五六円）

Ⅳ　二〇〇一年

1・19　フィリピンのジョゼフ・エストラダ大統領が辞任し，グロリア・アロヨ副大統領が大統領に昇格.

1・20　ジョージ・ブッシュが第43代アメリカ大統領に就任.

3・5　NTTどこもの携帯電話向けインターネット接続サービス「iモード」の契約者数が2千万人を突破.

3・26　ヨーロッパで家畜伝染病口蹄疫が発生し，イギリスは羊50万頭を処分.

4・1　中国軍のF8戦闘機が南シナ海上空で偵察飛行中の米軍機を追跡中に接触し，墜落，米軍機は破損し，中国の海南島に緊急着陸.

4・18　森首相は記者会見し，正式に退陣を表明.

4・23　小泉純一郎が第20代自民党総裁に選出．三日後に小泉内閣が発足.

7・23　インドネシアのワヒド大統領が罷免され，副大統領のメガワティ氏が大統領に昇格.

9・11　アメリカで同時テロが起きる.

10・19　アメリカ軍は対アフガニスタンの地上戦に突入.

12・11　中国は世界貿易機関に正式に加盟．2010年までに平均16%の関税を8%に引き下げる.

12・28　ウズベキスタン，カザフスタン，タジキスタン，キルギスの4カ国は「中央アジア共同体」の創設を宣言.

二〇〇一年は九・一一事件が起きた年として将来も語り継がれていくであろう。その日、本の出張校正があって、夜遅くまで編集者と印刷所にいた。深夜一時過ぎに自宅に戻ったが、帰りのタクシーで、世界貿易センタービルから黒煙が上がっているのを見た。無差別殺人は非難すべき行為だが、世界中が過剰な反応を示したことには驚いた。アメリカの悲劇に各国から同情が寄せられていたのに、アフガンやイラクでふつうの市民が爆撃で命を落としても、多くの人が見ようともしなかった。

アメリカ全土に広がった異常な愛国心には恐怖さえ感じた。一国単独主義も先制攻撃も必ずしもブッシュ氏一人の暴走ではない。「国民感情」という名の妖怪も後押しをしていた。

国連人口基金が発表した「世界人口白書」によると、世界の人口は年間七七〇〇万人の割合で増加し、二〇五〇年には九十三億に達すると予測している。一方、厚生労働省が発表した人口動態統計で、二〇〇一年の日本の合計特殊出生率（一人の女性が生涯に産む子供の数）は一・三三で過去最低となった。幼児虐待の報道が多くなったのは皮肉な現象だ。

宮崎駿監督『千と千尋の神隠し』の公開上映はちょっとした事件である。七月二十日に全国三四三の映画館で封切られたが、監督が舞台挨拶が行われるスカラ座では前日の朝より列が出来るほどの盛況であった。

『チーズはどこへ消えた?』が日本でベストセラーになっただけでなく、東アジアのほかの国でもヒットしたのを知って唖然とした。一方、『声に出して読みたい日本語』は日本語ブームが新たな転換点に来ていることを示している。

恋歌の発生から詩の起源を探る　『詩の起原――東アジア文化圏の恋愛詩』（辰巳正明著）

詩歌はどのように発生したのか。この古くて新しい問題に対し、研究者たちはつねに強い関心を寄せている。突き詰めれば文学起源の問題でもあるが、千二百枚を超えるこの大作は、フォークロアとの関連という視点からこの問題に挑んだ。

中国西南少数民族の歌唱文化を参照軸にし、中国、朝鮮半島および日本の詩歌を検証するのが本書で用いられた基本的な手法である。「歌謡から詞へ」、「東アジア文化圏の恋愛歌謡」、「万葉集恋歌の生態学」という三部構成は、それぞれ違う角度からこの問題にアプローチした。『詩経』、韓国の時調および万葉の歌を同じ理論的平面に配列し、いままでとまったく異なる視点から古典の作品を捉え直す。その結果、東アジア文化圏の恋歌の祖型が見いだされ、それまで孤立に見えた各地域の文芸が、連続した文化ベルトの一部分を形成していることが明らかになった。

東アジア文化圏においても、もっとも古い歴史を持ち、かつ漢字という広域文字を持つ中国文学は長いあいだ中心的な位置を占めていた。そのため、第一部の「歌謡から詞へ――中国の恋愛詩」ではまず中国文学が取り上げられた。『詩経』をはじめ、中国の古代詩歌に恋愛の要素を見いだした研究はこれまでにも少なくない。また、近年来、中国南部少数民族の「情歌」と『詩経』とを比較し、両者の発生学的類似性を探る研究も行われるようになった。それらの論考は、文化人類学の研究に触発されたもので、近代文明から隔離されていた民族や部族を調査し、そのなかから人類文化の基本的構造を見つけ出そうとするのが目的である。

本書はそうした成果を踏まえながらも、従来の研究では扱われていない問題に光をあてた。中国西南部少数民族のフォークロアを参照しながら、中原地域の民俗をたどるのは、方法論としてはそれなりの可能性を持っている。しかしこれまで多くの研究が民俗形態の比較に止まっているのもまた事実である。それに対し、本書は文学の問題に焦点をしぼり、文芸の表現類型がいかに形成され、その展開の過程はどのような文化的意味を持っているかを探究した。

中国西南少数民族の恋歌に「歌の路」という様式分類がある。多彩多様な恋愛情緒は、「出会い」、「相思」、「逢い引き」、「求愛」、「失恋」、「離別」など、いくつかの表現類型を通して発露される。この表現類型は歌の内容を規定するだけでなく、唄われる場面やタイミングもパターンの種類によって左右される。この種の情緒表現は共同体の文法にしたがって秩序づけられ、それぞれの祝祭空間のなかで表現される。

キャノンとして選定された作品ではなく、テキスト以前の〈声〉に着目することは、本書における理論構築の最大ポイントである。著者は中国大陸の西南部に分布する少数民族の恋歌から分析モデルを抽出し、それにもとづいて、『詩経』「国風」の詩歌からも同じ民衆的な〈恋の祝祭〉の段取りがたどれるのではないか、という興味深い説を打ち出した。この独創的な見方によって、『詩経』をはじめ、中国の古代詩歌を新しい視点から読み直すことができた。現存する『詩経』の詩は編纂の過程において、政治的・倫理的なふるいにかけられていたから、古代の「歌の路」の全容を復元するのに、資料として必ずしも十分ではない。しかし、丁寧な読みを通して、「出会い」から「離別」にいたるまで、歌会の展開をある程度解明することができた。

楽府についても同じ表現類型の有無について検証が行われた。採集された四十二首は、「初逢」、「相愛」、「別離」、「怨情」の四種類に分けられ、それにもとづいて、著者は『詩経』のなかで、「怨情」が半数以上を占めているのは、意識的な主題化の結果である、という重要な事実を発見した。

恋愛詩の発展過程について、「四段階」説は一つの理論モデルとして提起されている。第一段階では恋の歌は素朴な感情発露で、一人一人の現在的感興に密着していた。巫女など専門的な歌手が登場し、歌は口承によって後世につたわっていくのが第二段階である。第三段階では唱われている歌は文字によって記録され、恋歌は祝祭性から切り離された。歌謡はしだいに文芸的な表現として独立する。そして、最後の第四段階では、恋歌はある意図の下で最初からテキストとして制作され、なまの〈声〉が取り上げられるようになる。その段階では、唱う歌が詠む歌に変質する。一旦制作されたテキストは歌として再び歌唱されることもあるが、ただ、それは娯楽という形式を通して与えられた〈声〉であり、また支配された〈声〉でもある。

この四段階説にしたがえば、『玉台新詠』に収録された恋歌は第三、四の段階にあたる。本来、『玉台新詠』の場合、「歌の路」はすでに詩題のなかに吸収され、必ずしも民俗をそのまま示すものではない。ただ、民間で行われている歌会の形式は楽府の恋歌に採集され、それらが『玉台新詠』に及んでいる。そして、揚子江流域の恋愛歌謡も何らかの形で吸収されているだろうと推定される。そうした一連の考察は、『玉台新詠』をはじめ一連の六朝詩の解釈にも波紋を投げかけ、また、古代中国の民俗形態について考え直す可能性を示唆した。

第二部「東アジア文化圏の恋愛詩」ではまず中国チワン族のRoengz doengh（歌圩）という歌垣を参照軸に、地域的・文化的な相違を考慮しながら、日本古代の歌垣の宗教性やその進行状況を類推した。今日わずかに残存された日本の文献と比較することを通して、チワン族の「歌圩」（歌会）は古代日本の歌垣の習俗ときわめて類似することが明らかになり、東アジアに歌垣文化が広く存在するという仮説に有力な傍証を提供した。さらに、ナシ族の情死調と古事記や日本書紀および万葉集に伝承される情死の物語を対照し、駆け落ちや情死の歌は恋歌として残されたのは、祝祭の表現様式と見なされたからだ、との見解を示した。

詩歌の起源をフォークロアに求める方法の有効性を示すために、文化人類学のフィールドワークを想起させる手法も取り入れられている。奄美の島唄を発掘した坪山豊氏からの聞き書きを中心に記述された「奄美の歌遊び」、徳之島の闘牛と歌掛けについての調査をまとめた「対歌と闘牛」などはその主な成果である。中国西南部少数民族と東南アジア少数民族との文化的つながりについて考えるとき、この試みは示唆に富む方法として注目されるであろう。

南方の島々に広がる恋歌の痕跡を追跡する一方、東北アジアにおける歌謡の展開についても同様の作業が行われた。「韓国時調」の起源を「楽府子夜四時歌」あたりに探り、「女の歌」という分析概念を用いて、『万葉集』につながる歌の文化相関図を浮かび上がらせることに成功した。

第三部「万葉集恋歌の生態学」は、本書で提起された分析モデルを万葉集の読み直しに応用したものである。中国西南少数民族の歌垣文化という補助線を引くと、万葉集も「娯神情歌」、「文娯情歌」、「恋人情歌」、「愛情故事歌」、「失愛情歌」などの六種類に分けられる。しかも、「失愛情歌」を除けば、いずれも恋歌の部類に入る。これはたんに内容分類の問題にとどまらず、これまでの万葉解釈を根底から揺るがしかねない、革命的な作品論とも言える。この刺激的な新説に対し、万葉研究の学界は果たしてどう応答するのか。興味深く見守りたい。

民衆の〈歌声〉の原型が色濃く残されている東歌は、歌垣との関連を考える上で無視できない作品群である。古代の文献が欠如している現在、内部からの考察は困難が多い。ここでも、著者は中国西南少数民族の「歌の路」を手がかりに、東歌は「初会歌」、「挑逗歌」、「相思歌」「探情歌」、「賛美歌」、「離別歌」などの十三種に分類した。個々の類型に対する分析を通して、東歌のなかの恋歌がいかに生成され、展開されたかが解き明かされた。東歌は歌垣の段階の歌ではなく、山歌との往復関係のなかで精選され、形成された過程も分析を通して明らかになった。

恋歌を祝祭の空間にのみ存するという見解は、万葉集の作品に対する見方を大きく変えた。恋の歌は儀礼時の非日常的な空間に許されるもので、日常にはむしろ欠如している。この結論にしたがえば、中国大陸に比べて古代日本には恋愛が自由に行われていたという印象はただの錯覚に過ぎない、ということになる。これまでの「常識」をひっくり返し、日中比較文化論にも一石を投じた、重要な問題提起である。

これまで東アジア比較文学研究は、『万葉集』と漢文学のように、二つの国に限定して行われているのがほとんどだ。本書によって、新たに二つの可能性が提起された。まず、二国間の比較という壁を超え、東アジア文化圏という、より広い範囲において、類似ないし相互に影響する事象について、横断的に検証することの可能性と必要性が示された。それから、東アジア文化の古層を掘り下げることによって、かつての精神的・情緒的共通性の有無について考え直すこともできるようになった。

むろん、サンプルを抽出し、典型例を検証するだけでは限界がある。完全な理論を構築するために、東アジアのすべての民俗を対象に、歌垣の風習と歴史を解明する必要があるであろう。また、文明的なつながりを実証する研究も一つの不可欠な前提となる。それは気が遠くなるような膨大な作業で、もしかすると、複数の研究者の数代にわたる共同努力によってはじめて実現できるかもしれない。しかしそこにいたるまでの、きわめて重要な一歩が、著者によって踏み出された。

本書はこれまで知られていないことを教えてくれたのみならず、多くの学問的刺激を与えてくれた。知の越境が日常的に起きている今日、隣接領域に目配りをしつつ、文学研究に新たな風を吹き込んだ本書は、詩歌研究がいかに学問領域間の壁を超えていくかについてもみごとな手本を示してくれた。

（笠間書院・八一九〇円）

良心の自由が奪われる過程を追う　『文化大革命に到る道』（丸山昇著）

文化大革命が起きてから、早くも三十五年の歳月が過ぎた。多数の人命を失わせたこの政治運動について、これまで多くの研究がなされた。しかし、思想的な原因は必ずしも究明されたとは言えない。中国では政治史の角度から批判が行われているのに対し、欧米や日本では権力闘争として見られているのがほとんどだ。そうした見方は全面的にまちがっているとは言えないかもしれない。しかし、それだけでは説明できないことも少なくない。個々の事件や出来事について一定の因果関係が明らかになっても、思想的な連続性はほとんど真剣に検討されてこなかったからだ。

文化大革命に導く歴史的な必然性は何か。その問題を解明するために、著者は一気に一九五〇年代初頭にさかのぼった。文化大革命そのものには直接触れないが、そのかわり、この悲劇にいたるまでの過程を、社会的、思想的文脈において洗い直した。

映画『武訓伝』批判や『紅楼夢』研究の批判、胡風や丁玲などの文学者に対する弾圧。中華人民共和国が成立した直後、一連の芸術批判、学問批判と文学批判が相次いで起きた。本来、文化人のあいだの論争であるべきなのに、はじめから政治運動として組織された。その結果、批判された者は文芸活動や研究活動から追放され、あるいは逮捕、投獄される憂き目にあった。なぜそのようなことが起きたか。本書は大量の証言にもとづいて、その偶然性と必然性を解析した。個々の運動には複雑な政治関係、人間関係が絡んでいるのみならず、根深い思想的な理由があったことが明確にされた。

理論の誤りは間違った政治運動を引き起こし、度重なる異端審問の結果、思想の偏向がいっそう片寄った。最初は大物の文化人が標的にされたが、五〇年代の終わり頃になると、名もない「知識人」まで巻き込まれ、過酷な迫害を受けるようになった。人々はものを言えなくなり、保身のために心性の根腐れがはじまった。批判精神が失われた社会は健全さを保てなくなり、一旦理性が失われると、容易には歯止めがかからなくなる。文化大革命の悲劇は起こるべくして起こった。その精神的土台が「反右派闘争」のあいだに、すでにできあがった。

とくに注目すべきは、中国の政治と文学・芸術との関係についての指摘である。文化大革命にいたるまでの政治闘争は、多くの場合、文芸思想の対立が導火線であった。現代中国では、文学史は思想史でもあった。同時に、政治史であり、また現代史そのものであるとも言える。文学と政治が表裏をなし、文学・芸術論争の外延に政治闘争があった。文化大革命はやや違うきっかけがあったが、演劇批判、エッセー批判から始まった、という経過を考えると、五〇年代の思考様式が大きな影を落としたことは否めない。これまで、文学思想の対立が政治的争いの口実として利用されただけだ、と思われている。じつはそう単純ではない。因果関係がむしろ逆である。このコロンブスの卵のような発見によって、中国を見る目も修正せざるをえなくなった。

文学が政治を動かす。日本ではほとんど考えられないことだが、それが中国の現実であった。現代史を理解し、中国人の心を知るためには、そのことをまず心得なければならない。表面的な現象や、統計数字だけでは決して本当の中国がわからない。半世紀にわたって中国現代文学を研究しつづけてきた著者が、思想史の問題について思索をめぐらした理由はここにある。

（岩波書店・四二〇〇円）

謎とともに示される上海像 『玉蘭』（桐野夏生著）

出版社で編集を担当する有子《ゆうこ》は、両親のつよい反対を押し切り、ある日突然、東京から上海に飛び立った。二進《にっち》も三進《さっち》もいかなくなった恋愛の三角関係から抜け出すためである。だが、彼女の内心にはもう一つ秘められた目的があった。一九二〇年代に上海で生活していた伯父の足跡を訪ねることである。戦後九年経ったある日、忽然と姿を消してしまった彼は一体どこへ行ったか。歳月を遡行するうちに、現実と幻覚の境界がしだいに曖昧になり、絡み合う二つの時空を背景に、不思議な人間模様が現出した。

懸命に生きる女たちの強烈な情念と、そのエネルギーは細やかな筆致によって描出されている。

異国の都会生活は自由自在で、新たな希望が見いだせるかもしれない。そんな淡い期待を抱いて、有子は語学留学を決意した。ところが、いざ新しい世界に入ってみれば、留学生宿舎は縮小した日本人社会に過ぎない。しかも、サイズが小さくなった分、人間関係がいっそう緊張する。新入学者の歓迎パーティーで、女子留学生の佳美が侮辱される事件が起きた。夏休み中のため、宿舎には七人の男性と二人の女性しか残っていない。閉塞した小さい共同体は、ちょっとしたきっかけでも軋《きし》み出す。

傍観者を決め込む有子は決して佳美の二の舞にならない、と警戒しながらも、いつのまにか不可解な男女関係にはまっていく。

鬱陶しい現実のなかにいる有子は、伯父の質《ただし》が残した日記を通して、過去の上海への扉を叩く。七十年まえの世界が時間を超えて、接近してくる。広州と上海を行き来する船に機関長として勤務していた質は、日本人バーで知り合った宮崎浪子と親しくなり、知らず知らずのうちに浪子の背負った暗い過去に巻き込まれていく。

近代文学のなかで、上海を描いた作品は少なくない。だが、現代上海を題材とする小説はまだ珍しい。そこで、過去という参照軸を設定することによって、逆に現在を照射するというアングルが用意された。

日本を脱出して上海に来たのは浪子も有子も同じだが、有子がみずからの意思にもとづいているのに対し、浪子は内縁の夫につれられて来た。日本に帰れなくなった浪子にとって、中国は唯一の生活の場である。戦火の脅威の下にある広州でも、つねに命の危険がひそむ上海でも、毎日背水の陣で臨むしかない。母国とのつながりを一切断ち切るしか、生きる術がない点では、質《ただし》もまた同じである。だが、有子はその必要はない。彼女は浪子のように、溺れないために、慣れない都会の海で懸命に泳ぐ必要はない。

一方、浪子が日本から「自由」になったのに対し、有子はいつまでも東京のまなざしから逃れられない。彼女は上海にいながら、その生活空間は日本と連続している。異国の地である上海は蒼白に感じ、萎《しお》れた玉蘭の匂いのように、微かな記憶としてしか残らないのはそのためである。横光利一、金子光晴のみならず、林京子とも異なる上海像を、われわれはここで発見する。交錯する二つの時空間にはいくつもの謎が横たわっている。謎の真相は徐々に明らかになるが、謎解きの過程は意外の連続である。真相は複数に存在するかもしれない、と匂わせるのは洒落《しゃれ》た布置だ。

複式の語りもおもしろい試みである。緻密なプロットと計算された裂目のバランスはほどよい濃淡をつけ、味のある遠近感を醸し出している。

（朝日新聞社・一八九〇円、のちに文春文庫）

長距離通勤が書物の読み方を変えた　『モダン都市の読書空間』(永嶺重敏著)

近代の活字メディアの流通において、書き手と読み手は単純な発信と受信の関係ではない。両者を結ぶシステムがどのように作用したかも重要である。だが、そこには不明な点が多い。なかでも、大正、昭和初期の雑誌はどのように流通し、それぞれの階層がいかに受容したかについては、あまり論じられてこなかった。永嶺重敏はこの空白の部分に着目し、これまでいくつか注目すべき論考を発表してきた。本書では「読書装置」という新たなパラダイムが提起され、それにもとづいて最新の研究成果が披露された。

「読書装置」とは、書籍や雑誌の講読、借覧による活字メディアの受容を支える社会システムのことである。公共図書館や、工場の図書室および貸本屋の雑誌貸与などが含まれている。そうした媒介機構を視野に入れることによって、「教養」が拡散する経路に光があてられるようになった。

活字メディアを知の誘導体としてのみならず、商品として捉えたのは、読書の文化史的叙述を一新した。東京が現代的な都会として成長していく過程は、新しい読書空間が形成される経過と重なる。書籍の街頭広告、宣伝ビラや、新聞の呼び売りなどはモダン都市の副産物といえる。そうした都市的営為の介在によって、活字メディアは商品の流通経路に組み入れられた。貸本業はそのような知の流通をさらに加速させた。その流れを解明することによって、中流以上と下層社会の人々が、異なる経路を通して雑誌や書物を入手し、それぞれ違うものを読んでいたことがわかった。

書物の公共利用について、図書館から営利目的の貸与まで対象を拡大したのは優れた着眼である。「雑誌回読会」の研究を通して、定期刊行物の消費を動態的に捉えられた。雑誌レンタル業の分布から、発行部数だけでは知りえない知の循環システムを読み取れたからだ。

メディアの伝達を都市の変貌のなかで把握する方法は、読書形態の考察においても威力を発揮した。大正中期からはじまった都市の郊外化は、書物の消費様式を大きく変えた。現在、すっかり日常的な風景となった通勤読書も、もともと郊外に移住した新中間層にはじまったことである。長距離通勤はたんに読書という行為をリビングルームから追い出し、電車という公共空間を読書の場所に変えただけではない。書物の生産および流通形態そのものをも大きく左右した。長大な論文や小説に取って代わって、随筆、旅行記、インタビュー、座談会などが雑誌に登場したのはそのためである。

書物と読者のあいだに介在する編集者に注目したことも、新たな発見に導いた。文芸書や雑誌メディアの制作過程において、編集者の役割は大きい。とくに定期刊行物の場合、誌面の構想から、執筆者の選定にいたるまで、編集長の意向は雑誌のカラーを大きく左右する。そのことが知られていながら、これまで正面から取り上げられることはほとんどなかった。著者は『文藝春秋』についてのケーススタディを通して、この難問に挑んだ。『文藝春秋』はほんらい小難しい総合誌の、口直しの「デザート」として設計された。刊行されるとまたたく間にひろく人気を集め、やがてメディアを代表する総合雑誌にまで成長した。その変化の過程において、菊池寛の読者意識が大きく作用した。彼の努力が新中間層の獲得として結実したという事実は、編集者研究の重要性を改めて示した。

詳細な調査データは、雑誌の広告や写真資料とともに巧みに併用されている。書店主の回想と読者の手記を重視する手法も印象的である。読者の投書は必ずしも平均的な意見を代表しておらず、また編集部の取捨選択を通して、編集者の意図が盛り込まれたこともあったであろう。とはいえ、活字情報を消費する現場の「生の声」から、これまで決して知りえない一面が読み取れるのはまちがいない。質の異なる資料を立体的に活用する方法によって、円本の読まれ方、肉体労働者の読書状況およびメディア消費における階層差異の喪失過程がわかりやすく解き明かされた。

本書によって読書論の領域のみならず、隣接する分野の研究も刺激を受けるであろう。たとえば、掌編小説の研究は従来、様式論からのアプローチに終始していた。しかし、本書の成果を踏まえれば、通勤文化との相関性について検討し直すことが可能になった。

明治期の書物はセンテンスが長い。大正期になっても、句読点が付けられていない文章がまだ多く見られる。だが、その後、文章は目立って短くなり、句読点も多く用いられるようになった。理由は複数あるが、この静かな文章革命は、通勤がもたらした句読形態の変化と関係があるかないか、さらなる探索が必要なのかもしれない。

（日本エディタースクール出版部・二七三〇円）

伝統にも政治思想にも断絶して　『上海ベイビー』（衛慧《ウエイホエイ》著）

東洋の女性が西洋人の性的魅力に惹かれてしまう。近代文学で反復された題材だが、この小説においては、不思議に退屈させない。反射的に思い出されたのは『ベッドタイムアイズ』。異人種の男性とのセックスを通して、生を凝視する点においては、両者に通底するものがある。また、東洋人の男が性的に劣っているという設定が、隠喩として読めるのも共通する。だが、違いも歴然としている。山田詠美の場合、異人種憧憬をとうに卒業している。アメリカの黒人兵はただ主人公に飼われているペットに過ぎない。それに比べて、白人への性的幻想を初々しく描いた衛慧の作品には、コンプレックスの傷跡がまだ痛々しく残されている。

この作品から中国の現状を読み出そうとするには、かなりの慎重さが必要であろう。事実、描かれているのは上海の特殊な側面に過ぎない。ポスト工業社会をおもわせるライフスタイルのみが誇張されているが、上っ面の繁栄を支える過酷な労働も絶望的な貧困も、イデオロギーへの言及とともに慎重に消去されている。

そもそも登場人物たちが平均的な市民像とは言い難い。シャネルのロングスカートを身につけ、クリスチャン・ディオールの口紅を唇に塗りたくる。マリファナを吸い、ディスコで体をくねらせて踊り狂う。市場経済の配当を蕩尽する若者たちは、みずからを政治的に去勢することを代償に、つかの間の快楽を手にした。いつか襲ってくる破局を見越したかのように、その日その日の享楽に溺れていく。

社会主義はまるで往昔のメルヘンのように遠い空へ消えてしまった。超消費という禁断の果実を味わった若い世代は、もはや二度と国民国家的な情緒の牢獄には戻れない。ただ、そんな放埒《ほうらつ》な生活はしょせん、借りてきた衣裳のようなものに過ぎない。逸楽に浮かれながらも、彼らはそのことを直感している。アイデンティティ・クライシスという時代遅れの不安が、ポストモダン的な頽廃として表徴されているのもそのためである。底抜けのお祭り騒ぎ気分から、ニヒリズムの匂いが嗅ぎ取られるのもゆえのないことではない。

中国の現代小説には文化的、政治的コンテクストに高度に依存する作品が多い。どのような文脈で、何を想定して書かれたかを知らなければ、理解が難しい。だが、『上海ベイビー』はそのようなコンテクストにはまったく囚われていない。ヘンリー・ミラー、サルバドール・ダリから、ビートルズやハリウッド女優にいたるまで、さまざまな欧米有名人の語録が、各章の冒頭を飾っている。過剰な引用は、テキストの虚飾というよりも、むしろ伝統との断絶を誇示している。魯迅以来の文学とのつながりだけでなく、中国文化への臍帯《さいたい》をも断ち切ろうとしている。

若者文化の流行を平面的に追う手法は、通俗文学という印象を与えやすい。だが、この小説においいて、軽佻な風俗の描写はいささかも安っぽさを帯びない。鮮烈な文体と気の利いたレトリックは、文学がことばの芸術であることを再度想起させてくれた。この若い作家の、言語を駆使する鋭敏な表現力は、長く人々の記憶に留まるであろう。

ここ数年、中国文学の翻訳は格段によくなっている。桑島道夫の訳を読んであらためてそんな思いがした。数カ所に思い切った省略や意訳が見られるが、原作の情趣はほとんど損なわれていない。決して訳しやすいとは言えない作品をなめらかな文章にした努力は、目に見えない形で読者の獲得に役に立った。

（桑島道夫訳、文春文庫・六五〇円）

日本の詩歌は一本の巨木なのだ 『芭蕉の風景 文化の記憶』(ハルオ・シラネ著)

日本文学との出会いから語り出す本書は、芭蕉研究としてはもとより、日本文化論としても知的刺激に満ちている。俳諧の生産、消費および批評の歴史が中心的な論題だが、日本文芸の特質に対する新鮮な解釈はもう一つの収穫といえる。

俳句は世界でもっとも短い形式ながら、なぜ詩たりえているのか。この素朴な疑問が本書を執筆するそもそものきっかけであった。十七文字という極端な短さはセンテンスの基本条件を満たさないことさえある。日本では自明なことだが、日本語を母国語としない人たちにとって、しばしば戸惑いや混乱とともに経験される難問だ。

もともとイギリス小説を研究分野としていた著者は、この難問を解くために、西洋文学との比較という視点を取り入れる。ヨーロッパでは文学作品は内部の一貫性と統一性を持ち、完結した世界像を読者に示す。それに対し、伝統的な日本の詩歌においては、断片的な抒情が重視され、作品の意味生産はコンテクストに高度に依存する。

かりに西洋の文学作品がレンガのようにそれぞれ独立し、その集合体がヨーロッパ文学というお城を構成しているならば、日本の詩歌は一本の巨木といえる。一つ一つの作品が完結し、独立しているのではなく、開かれた形で相互につながっている。葉は枝から出て、枝葉は幹と一体になっている。一つの作品を理解するには、関連する作品もテクストの一部分として視野に入れなければならない。日本の詩歌の「中心をなすのは古典和歌の題であり、その周りには連歌の題、次いで俳諧の題が続き、最後に端にくるのは近代俳句・和歌の言葉」である。そのなかで、季節および地理や景観にちなむ詩語の集成は、詩的想像力を規定し、テクストとテクストのあいだを結ぶ紐帯《ちゅうたい》の役割をはたしている。著者は名付けて「偉大な季節・地誌のアンソロジー」という。

日本において、詩の享受はこのコード化された連想にもとづいている。俳句の創作は「創造」というよりも、「偉大な季節・地誌のアンソロジー」の新たな補足として行われている。十七世紀当時、王朝の歌や連歌によって、優雅で洗練された季題のピラミッドはすでに形成されていた。芭蕉らによる俳諧の実践は、庶民の日常から俗語を取り入れることによって季語の拡大を可能にした。

この観点は日本文化の読解にとって重要なヒントとなるであろう。これまで、日本も西洋と同じように、独立したテクストの集積が文学的過去を構成すると思われてきた。だが、「偉大な季節・地誌のアンソロジー」というパラダイムを用いれば、テクストをたえず生み出すトポスこそ、文学伝統を形成する重要な記号体系だということになる。

テクストの生産と消費を考える上で、人間関係を批評の射程に入れるのは優れた着想である。本書によると、日本文芸において、創作も批評も主として「門」を中心とした集団のなかで行われてきた。

俳諧の世界は日本の伝統芸術と同じように、擬似的な家族構造によって支配されている。「師匠と弟子」の関係はこうして芸術の連続性を保ちながら、「カノン」すなわち正典を作り出すことに一役買った。本書が指摘したように、芭蕉は弟子たちを育てただけでなく、芭蕉という「神」は弟子たちによって作り出されたのである。

コロンビア大学で教える著者は日本人の両親を持ち、成人してから日本語を習得した。言語の境界的経験が異文化を読み取る感性をいかに鋭いものにしたかは、前著につづいて、本書でも雄弁に示されている。

（衣笠正晃訳、角川叢書・二六二〇円）

民間交流をもたらした海難事故　『漂着船物語』（大庭脩著）

一七八〇年四月三十日、房総半島南東端の海岸に一隻の唐船が漂着した。近くの村人たちが米、薪や野菜を差し入れ、三日後に乗組員七十八人が救助された。役所の禁令にもかかわらず、唐人を一目見ようと、近くから見物人たちがどっと集まってくる。うわさを聞きつけ、唐人たちと筆談をするために、わざわざ江戸から駆けつけた儒者もいた。漂着船に関する記録をたどっていくと、そんな歴史のひと幕が再現され、異国の民間人同士が劇的に出会う瞬間が生々しくよみがえってきた。

江戸時代には難破船といえども、幕府の特別許可がないと上陸できない。長崎でも外国の船乗りたちは蘭館や唐人屋敷に閉じこめられ、簡単には外出できない。日本側の関係者も彼らとつき合えるのはごく限られていた。海難事故はいわば、民間交流をもたらす思わぬきっかけであった。

舶載してきた貿易品のなかで、書籍がどの程度の比重を占めているかを調べていて、著者は史料のあまりの少なさに手こずっていた。ある偶然の機会で難破船の積み荷のリストが地方の役所に提出されていることを知り、それ以来、漂流船のことを追い続けてきた。その成果の一端が紹介された本書によって、忘れ去られた歴史の細部がようやく記憶の地表に浮上してきた。

漂流船という視角を設けると、多くのことが見えてきた。方西園という画家が冒頭に述べた船の副船頭として出航したが、船が流されたために、富士山を見る幸運に恵まれた。日本一の山の美しさに驚嘆した彼はさっそくその雄大な姿を絵に描いた。江戸時代には多くの唐船が訪れたが、江戸の近辺まで来たのは珍しい。ましてや富士山を近くから眺め、絵に描きとどめた者は皆無に近い。中国人の手になる富士山の絵が残っているのは、まさに不思議な縁としか言いようがない。

中国から日本に舶載してきたものには、繊維製品がもっとも多い。次に砂糖、漢方薬の順である。書物の方は量の上でむしろごく限られていた。一方、日本からの主要な輸出品は銅と俵物で、後者はおもに煎《いり》ナマコ、干しアワビ、フカヒレの三品である。貞享元年（一六八四）以降、貿易の拡大により、寧波あたりで俵物が供給過剰になり、一般人もフカヒレが食べられるようになった。中国側の資料を読むと、フカヒレに関する記録はたしかにそのあたりから目立つようになっている。唐船貿易は中国の食文化にも思わぬ波紋をおよぼした。

ふんだんに紹介された絵や図版は本書のもう一つの魅力だ。唐船の乗組員の肖像画、唐人屋敷のイラスト、中国画家が描いた日本風景、唐船の図、貿易許可書の写し。いずれも叙述に興を添えておもしろい。天保七年（一八三六）に薩摩の片浦に漂着した船は全長四十三メートル、幅十二・七メートルもあり、また、大きい船の積載量は二百万斤（約千二百トン）にも達したという。図版を見ながら読むと、何となく実感がわいてきたような気がした。

乍浦《さほ》は海外貿易の港町として、日本とのかかわりが深い。長崎弁の日本語ができる人も少なくなかった。一八四六年、十六巻の『乍浦集詠』という詩集が出版されると、その年のうちに日本に輸入された。だが、なぜか刊行地の乍浦にはすでにない。一九九一年にその複製本が著者によって百四十五年ぶりに乍浦市に贈られた。江戸時代から続いた書物の交流は今日もなお途絶えていない。

(岩波新書・八一九円)

宮沢賢治の世界と中国古典　『宮沢賢治、中国に翔る想い』（王敏著）

王敏《ワンミン》さんが、最初に読んだ宮沢賢治の作品は有名な「雨ニモマケズ」だった。「民族の違いを超えて訴えてくる素朴な叫び」に感動し、「世界に通じる作品を書く」作家にしだいに心が惹《ひ》かれていった。それ以来、宮沢賢治の研究に没頭し、中国で初めて童話の翻訳を刊行した。その長い研究歴における新たな成果として、『宮沢賢治、中国に翔る想い』を上梓した。著者によると、宮沢賢治は中国文化を意識して創作した作品が多く、直接中国の古典から想を得た詩や童話も少なくないという。だが、その割にはこれまで宮沢賢治と中国文学についての研究はまだほとんどなされていない。この空白を埋めるべく、本書が執筆された。

一口に中国の影響とは言っても、おもに『西遊記』と『唐詩選』に焦点がしぼられている。歴史小説や古典を題材とする作品と違い、宮沢賢治の場合、物語をそのまま創作に使うことはしない。彼にとって、中国文学はあくまでもインスピレーションの源泉の一つであり、その多彩なイメージ世界を紡ぎ出す糸にすぎない。当然のように、両者の関係を解明するのに多くの困難がともなう。

この難しい問題を解くために、著者はイメージの類似、ということに着目した。「宮沢賢治と『西遊記』「宮沢賢治と『唐詩選』」の二部からなる本書では、まず、『西遊記』と宮沢賢治の作品のあいだのイメージの重なり合い具合について論述した。一連の詩や童話に出てくる「光の棒」から、孫悟空の「如意棒」のイメージを読み取り、山男の容貌描写や行動パターン、およびストーリーの細部から、「山男の四月」は孫悟空の物語を意識した作品だと著者は言う。イメージの解読と対比を通して、『西遊記』の影響源はいわば分子レベルまで分解され、それがいかに宮沢賢治の世界に融合されたかが巧みに解き明かされた。『唐詩選』の受容については、「北守将軍と三人兄弟の医者」を中心に検証が行われた。下書きの原稿から、北守将軍のモデルと『唐詩選』の作品の関係を指摘し、中国語の発音からラユーという作中の地名を特定する。また将軍名「ソンバーユー」についても大胆で、興味深い推理が試みられた。いずれも先行研究を参照にした、新鮮な解釈である。

宮沢賢治と中国古典との関係について考えるとき、比較文学のスコラ的な方法は役に立たないかもしれない。少なくとも影響関係について通常の意味での実証は難しい。というより、瑣末な考証はこのテーマにはふさわしくないであろう。本書のスリリングな叙述からうかがえるように、宮沢賢治と中国文学の関係は、直線的な影響／受容関係ではない。言うならば、千年以上の時間と、千キロ以上も離れた空間的な隔たりを超えた、知性と知性の響き合いである。この響き合いの様子を再現するには、機械的な考証よりも、天馬空を行く想像力が求められる。この大任は優れた文学的感性に恵まれた著者でなければ、おそらく手に負えなかったに違いない。本書で披露された新しい解釈はすべてその鋭い洞察力と、ずば抜けた感受性の賜物《たまもの》といえる。読みながら、思わずその豊な想像力に圧倒された。その意味ではこの本は研究書でありながら、数十年の時間を超えた、文学者同士の語り合いと言うべきかもしれない。

もう一つ記すべきことは、日中関係に対する著者の熱い思いである。本書の冒頭では、日本との出会いが紹介され、なぜ宮沢賢治を研究対象としたかについて、みずからの経歴とともに語られている。ことばの端々には日中のあいだの真の相互理解ができたとは言えない状況に対する苛立ちがうかがえる。宮沢賢治研究に捧げた情熱も、日本文化を知り、中国人の日本理解に役立ちたい、そんな切実な思いから生まれたものである。その情熱が学問研究の成果として結実したことを、一読者として喜びたい。

（岩波書店・二九四〇円）

ヨーロッパ精神史の一側面をおもしろく読み解く 『人獣戯画の美術史』（鹿島茂著）

狐はヨーロッパでもずるかしこさの象徴であるが、神として崇拝されることは、たとえ天地がひっくり返ってもありえない。フランス語では人間を熊にたとえるとき、体格を指すのではなく、むっつりしていて孤独な性格を意味している。動物イメージの紹介からはじまる本書は、馬、犬、鹿、狼などの図像を手がかりに、ヨーロッパ精神史の一側面をおもしろく読み解いた。

「人獣戯画」とは、いうまでもなく「鳥獣戯画」をもじった表現である。ただ、「人獣」は「人と獣」という意味のほか、人間のような動物、あるいは動物の外形を持つ人間、というニュアンスがある。この造語によって、人間も動物もひとしく動物的情念を分かち持っている、というフーリエの動物情念論を逆照射することができた。

「人獣戯画」として、本書では、エミール・バヤールの手になるアルフォンス・トゥスネル『動物の精神』の挿絵と、ラ・フォンテーヌ『寓話』の挿絵で知られるグランヴィルのイラストが素材として取り上げられている。厳密にいうと、動物をリアルに描いたバヤールの絵は「人獣戯画」ではない。ただ、動物的情念を表現したという意味において、写実性の外套を纏った「人獣戯画」といえる。

バヤールよりも、フーリエの思想に感化を受けたグランヴィルの絵が画像として日本の「鳥獣戯画」に近い。ただ、両者のあいだに決定的な違いがある。「鳥獣戯画」では兎、猿などの動物が擬人的に描かれているのに対し、グランヴィルの「人獣戯画」にあらわれたのは、擬獣化、擬禽化した人間である。その意味では、グランヴィルが描いた動物たちの生態は、そのまま人間社会のアレゴリーである。

本書はイラストの批評をしながらも、たんなる図像の解釈に終ったのではない。もともと挿絵は文字テクストの絵解きであり、補足でもある。挿絵の想像力を刺激し、生み出したテクストのほうは絵以上に重要である。そのため、第一章「情念動物学」では挿絵よりも、むしろ『動物の精神』の解読が中心におかれている。ただ、トゥスネルの思想を紹介するだけではない。著者はその博覧強記ぶりを発揮して、ラ・フォンテーヌ、ユゴー、ボードレール、エクトール・マロなどのことばを巧みに引用している。そうした気の利いた引用のおかげで、一見奇妙に見える動物情念論も、ヨーロッパ精神史においてみれば、必然的に生まれる思想であることが一目瞭然となる。ラ・フォンテーヌは第一章でも頻繁に引かれているが、その寓話の世界に焦点をしぼった第三章「動物王国」と合わせて読むと、ヨーロッパ人がなぜ人間の思いを動物の世界に託すかという疑問も自然と氷解する。

第二章「人間の顔が動物に見えたとき」で指摘されたように、人間を動物に見立てて理解するという方法は、古くからヨーロッパ的人間認識の一端をなしている。それは人間も動物も等しく神が創造した存在であるというキリスト教的な考えと関係しており、仏教文化圏ではおそらく自然発生的には生まれないであろう。何しろ、仏教国ではこの世で悪いことをすると、その罰として来世は動物に生まれ変わるとされているからだ。第四章「グランヴィルの創造的な挿絵本」では、人間と動物を反転させる絵が紹介されているが、人間のマスクで仮装した動物たちの仮面舞踏会も、贅沢品を餌に川の人間を釣る魚も、この文脈において見れば、誤解されることはなくなった。

鹿島茂本の魅力は、その無尽蔵にくり出される知識と、巧みでわかりやすい語り口にある。本書でもその本領が遺憾なく発揮されている。絵画の寓意からフランス人の発想法に話題が広がったり、西洋の文明批評をしながら、現代日本社会を諷したりする。いくら読んでも飽きさせないのはそのためである。

（ポーラ文化研究所・一八九〇円）

明治以来の「国語改革」は何を招いたか　『漢字と日本人』（高島俊男著）

日本人も中国人も漢字を使っているが、文字に対する感覚はかなりちがう。日本語を習い始めた頃の中国人に短文作りをさせると、「朝起きて、歯を磨き、顔を洗濯する」といった迷文がよく出てきたりする。同じ漢語の語彙だからといって、意味が通じ合うとはかぎらない。ましてや、覚えやすいということはまったくない。とくに初心者にとって、日本語の和語よりも、漢語のほうがまちがいやすい。

日本人が漢字のことをどう考えているか。同じ文字を使う者にとっても興味深い問題である。それに答える人がようやくあらわれた。『週刊文春』連載の「お言葉ですが…」でファンの多い著者だが、今回めった斬りにしたのは、漢字についてのさまざまな誤解である。書名は名著『水滸伝と日本人』を連想させるが、むろん内容も方法もまったくちがう。『水滸伝と日本人』は作品の受容についての実証研究だが、本書は漢字論であると同時に、近代日本の精神史をも射程に入れた文化批評である。

中国文学研究者にしては、漢字があまり好きではないようだ。というより、むしろ嫌っていると言うべきかもしれない。漢字を取り入れることによって、日本語の発達が止まってしまった、というのが著者の持論である。ただ、だからといって短絡的に漢字不要論を唱えているわけではない。千数百年まえに日本にとって漢字は世界でたった一つの文字だったから、受容するのはやむをえない、というのがその理由である。漢字を論じる本は取っつきにくいものが多い。もともと文字学や音声学のみならず、語彙論や意味論の問題も絡んでいるから、いきおい専門的な叙述になりやすい。だが、高島俊男の手にかかると、難しいテーマもわかりやすいものになる。しかも身近なたとえで、ユーモラスに説かれている。言語問題に関心を持つ者にとって、ありがたい気配りである。

だからといって、内容が浅いということはもちろんない。万葉仮名については専門家の論考を引用したり、言語史や音韻学に関連する問題についても関係文献をきちんと読み込んだ上で批評している。するどい舌鋒はいつもと変わらない。中国から漢字をもらったのは、恩恵をこうむるどころか、日本文化にとって不幸なことだと断言し、漢字の多い文章を書くのは、無知で無教養な人だ、とけなしてはばからない。さらに、一般民衆のことを「無教育な者」と言い放ち、平安物語文学を「女が情緒を牛のよだれのごとくメリもハリもなくだらだらと書きつらねたもの」と一蹴する。歯に衣着せぬというより、はらはらさせられる発言である。

過激なことばの裏には、日本語に対する並々ならぬ愛情がある。とくに近代日本の漢字政策についての批判には、強烈な想いがこめられている。明治維新から戦後にいたるまで、人為的要素によって、日本語の漢字にはさまざまな混乱が生じた。なかでもいわゆる国語改革は取り返しのつかない失敗をもたらした。この二点は本書の眼目であり、またもっとも力を入れて論じられたところである。

英語をはじめ、西洋語を翻訳したとき、明治の知識人たちは音を無視して文字の持つ意味だけを利用した。その結果、文字を重んじ、音声を軽視するという悪弊をもたらした。それに比べて、江戸時代以前の和製漢語は耳で聞いてもわかる。しかし、明治の造語は字を見ないと見当がつかない、と著者はいう。当用漢字の制定は、国語改革という名のもとで行われた愚行である――この見方に立脚して、明治期から戦後にいたるまでの、さまざまな漢字廃止論を取り上げ、容赦ない批判を加えた。仮名の使用、ローマ字化、はたまた英語やフランス語を国語とするなど、主張は種々雑多だが、漢字にかわって「先進的な」表音文字を取り入れようとする点ではすべて共通している。

漢字廃止論の検証を通して、近代日本人の精神構造を逆照射させる手法は鮮やかである。かつて一世を風靡《ふうび》した「改革」も、今日振り返って見れば、いずれも盲目的な西洋崇拝によるもので、浅はかな認識にもとづく失策にすぎない。進歩史観に対する批判は辛辣でおもしろい。著者のことばを借りれば、明治以来、「坂の上の雲」ばかり見て、愚かなことを繰り返してきた。だが、坂の上にたどりついてみれば、雲に見えたのは蜃気楼に過ぎなかった。

戦後の国語「改革」も同じである。かなづかいの変更、字体の変更、漢字の制限は結局、文化の連続性を切断するという悪果しかもたらさなかった。文化批判としては一つの知見といえよう。その点において、本書が持つ意味はたんにことばの問題にとどまらない。時代が大きく変動する現代では、文化の将来を考える上で傾聴すべき意見である。

（文春新書・七五六円）

目的地のない旅をする男の心の奥に　『ある男の聖書』（高行健著）

その男は目的地のない旅に出かけるため、祖国を後にした。なぜさすらいの道を選ばなければならなかったかは、「彼」と「おまえ」の物語によって明らかにされた。

「彼」は裕福な中流家庭の長男として生まれたが、物心がついたとき、すでに社会主義の中国になっていた。両親は新しい政権に夢と希望を託したが、一族を待っていたのは悲惨な運命であった。思想を「改造」するために、農村に赴いた母親は川で溺れて死んでしまい、銀行員だった父親は上司の指示に従い、お上に対する意見を陳述しただけで、あやうく「敵」として追放されるところだった。

「彼」は大学を出てまもなく、文化大革命の濁流に呑み込まれていく。恐怖政治は猛威を振るい、無実な人々が次々と凄絶《せいぜつ》な迫害を受ける。「彼」は革命運動に積極的に加わるふりをして、なんとか危機を乗り越えようとした。だが、押し寄せてきた危険は増大する一方だ。目ざとく察知した「彼」はついに都会生活に見切りをつけ、みずから志願して農村に移り住んだ。しかし、それもしょせん新たな苦難のはじまりにすぎない。「彼」はとうとう逃亡する決意をした。

「おまえ」は現在パリに定住している中国人作家である。劇の上演や文学者の集まりに参加するために、ニューヨーク、ストックホルム、シドニーや香港など、世界中を飛び回る。俳優と打ち合わせをしたり、各国の小説家や詩人たちと議論を交わしたりしながら、忙しい日々を過ごしている。その合間をぬって、行く先々の都市でさまざまな欧米人の女性とセックスをかさねる。女に明け暮れる「おまえ」にとって、生活のほとんどの部分が性愛に占められている。

自伝風の小説にしては、形式も叙述法も一風変わっている。何よりも肝心の「わたし」が出てこない。そのかわり、「彼」と「おまえ」が交互に登場する。もし、「彼」のなかから主人公の過去を見いだせるならば、「おまえ」にはまぎれもなく主人公の現代が投影されている。海外亡命によって、主人公の生は真っ二つに切り裂かれた。「おまえ」はかつて「彼」であったが、両者は必ずしも連続していない。第一人称のかわりに、第二人称と第三人称が用いられたのはたんにナラティヴの技巧ではない。みずからに対する深い省察が含意されているからだ。

文化大革命は被害者の視点から描かれることが多いが、この小説では苛烈な政治運動が善と悪の対決として図式化されていない。政治の暗黒は作品描写の中心を占めていながらも、反体制小説のステレオタイプには陥らなかった。これまであまり注目されていない側面を見つめることによって、新たな表現の可能性が切り開かれた。

人間は窮地に立たされると、冷静さを失ってしまう。自らを守ろうとするあまり、他者を攻撃しがちになる。文化大革命の恐怖におののいた群衆はまさにそのような集団ヒステリーに陥った。密告、誹謗《ひぼう》、リンチ、殺し合い。悪意は止めどなく増殖し、理性は脆《もろ》くも崩れ去った。極限状況における人間の醜い一面が容赦なくあばかれた。解剖のメスは他人のみならず、みずからにも向けられている。この小説を読んで、魂が震撼《しんかん》させられた思いをしたのは、凄惨な場面が迫真に再現されたからではない。卑怯は人間性として描かれているからだ。

自由を手に入れた「おまえ」の派手な性愛は、作品の謎として仕掛けられている。過去の女性経験が暗い影を落としているのはいうまでもない。愛に餓えた「彼」は多くの女性と交際したが、いずれも恋愛感情のかけらもない。逆に幾度も卑怯な罠《わな》に引っかかり、あやうく破滅に追い込まれてしまう。とくに妻の密告という衝撃で「彼」は徹底した女性不信に陥った。だから、「彼」は専制政治を警戒するように女を警戒し、二度と結婚しないことを誓った。

しかし、「彼」の女性不信が女性蔑視ではないことは、「おまえ」の性の遍歴からも証明される。人間らしい交わりを求めて、「おまえ」は次々と異国の女性とベッドをともにする。だが、そこには食うか食われるかの緊張関係はない。奔放というより放縦というべき性生活は漂泊のメタファーとして布置されている。主人公にとって、永遠に実らない性愛の反復は、一枚の葉が茫洋とした海をあてどもなく漂流するのと同じことだ。

この長編は一つのまとまった物語というより、六十一の楽章からなる協奏曲といってよい。とくに後半のいくつかの章において、中国文学の散文精神が見事に生かされている。

読み終わって、いまから約二千三百年前に楚の懐王に放逐された屈原による長編詩『離騒』が思い出された。もし屈原が追放される悔しさを悲嘆したならば、逃亡の喜びを謳歌した高行健の心の奥にはより深い絶望が秘められているであろう。

彼にとって、終わりのないさすらいはまだはじまったばかりである。

（飯塚容訳、集英社・二七三〇円）

V　二〇〇二年

1・ 1　EU12 カ国でユーロの流通が開始.
5・ 8　中国の瀋陽市にある日本領事館に亡命希望の北朝鮮住民 5 人が中国の武装警察に連行された.
6・10　アメリカは核先制攻撃を辞さないとする新たな戦略ドクトリンを打ち出した.
6・13　韓国統一地方選が行われ，最大野党ハンナラ党が与党の民主党を圧勝.
9・17　小泉首相が北朝鮮を訪問．北朝鮮は拉致を認め，金総書記は謝罪.
10・10　米下院本会議はブッシュ大統領に対イラク武力行使の権限を与える決議案を賛成多数で可決した．翌日，上院本会議でも可決.
10・15　北朝鮮による拉致事件被害者のうちの 5 人が帰国.
10・16　米国務省は声明を発表し，さきの米朝高官協議で北朝鮮が核兵器開発を進めていることを認めたことを明らかにした.
10・23　チェチェン共和国の武装グループのモスクワで劇場占拠事件が発生．人質の犠牲者は 128 人.
11・ 8　中国共産党第 16 回大会が開幕し， 江沢民総書記が引退． 胡錦濤を総書記に選出し，新指導部が発足.
12・19　韓国の大統領選が行われ，与党民主党の盧武鉉候補が当選.

いつの間にか癒しという言葉が流行るようになった。誰もが精神的に病んでいるというイメージがあり、個人的には抵抗があった。それはともかくとして、アザラシのタマちゃんが世間の注目を浴び、ニュースで頻繁に取り上げられたのは、そのような世相を反映しているであろう。

田中耕一氏のノーベル賞受賞も癒しの効果があったようだ。ノーベル受賞者がタレントなみの人気者になるのは史上初めてであろう。

世界は相変わらず物騒だ。ブッシュ米大統領は国連総会で演説し、イラクに対してすべての大量破壊兵器を即時・無条件に廃棄するよう求めた。もしこれを受け入れない場合には武力行使も辞さないと表明した。四日後にイラクは大量破壊兵器に関する国連の査察を受け入れた。片方はある、片方はないと言い張る。誰が見ても、うそをついているのはサダム・フセインだ。二、三年経ってようやく真相が明らかになった。

北朝鮮の亡命者が中国・瀋陽市の日本領事館に駆け込んだ事件について、ニュース番組は連日連夜報道し、ワイドショーも毎日のように取り上げている。

前年の斎藤孝『声に出して読みたい日本語』のヒットをきっかけに、類書が多く作られ、日本語ブームが起きた。「ハリー・ポッター」シリーズ第四巻『ハリー・ポッターと炎のゴブレット』もよく売れた。

誰も注目しなかったが、七月九日にアフリカ連合が発足した。貧困と紛争からの脱却を目指す五十三カ国の約八億人の願いが込められている。

楽屋裏から何が見えてきたか　『京劇――「政治の国」の俳優群像』（加藤徹著）

本物の京劇通でなければ書けない本だ。とにかく、そのマニアックぶりは半端ではない。北京の劇場に通い詰め、好きな演目の録音を数百回も聞く。あらゆる演劇資料を収集し、みずから京劇の舞台に立つ。もはや「研究」の領域をはるかに超え、文字通りの京劇オタクである。

マニアなら内輪の感性でしか語れない。しかし、本書では京劇ファンとして体験したおもしろさが素人にもわかるように伝えられている。むろん、そのおもしろさとはたんに演劇的な側面だけではない。京劇を通して、中国人自身も気づかない長所と弱点が見えてきたから興味が尽きない。

歌舞伎とは違い、中国では市場経済が実施されるまで、京劇は政治生活のなかで特別な位置を占めていた。一九四九年から文化大革命が終了した一九七六年まで、ほとんどの政治運動は京劇と何らかのかかわりを持っていた。どの演目を上演し、歌詞やセリフの一字一句をどうするのかも政争のカードになる。じじつ、文化大革命が京劇『海瑞罷官《かいずいひかん》』批判からはじまった。新作の芝居は国家の指導者からお墨付きをもらわなければ、一般公開もできない。

そのことはしばしば政治体制の弊害だと見られがちだが、必ずしもそうではない。京劇に対する権力の介入は近代以前にさかのぼる。皇帝が脚本を改編させ、楽器を指定し、あるいはみずから作詞することは決して珍しいことではなかった。現代政治と京劇との腐れ縁は由来が古い。

康熙帝、乾隆帝をはじめ歴代の清朝皇帝たちはみな京劇好きである。というより、彼らこそこの演劇芸術の生みの親といっても過言ではない。もしその後ろ盾がなかったら、中国南部の一地方芸能がここまで大きく発展することもなかったであろう。

近代に入ってからも、袁世凱をはじめ歴代の支配者たちは京劇に並々ならぬ関心を示した。識字率が低かった当時、京劇は政治宣伝の格好の道具である。権力を固めるためにも利用しない手はない。

京劇の変遷をたどりながら、俳優の人物伝を紹介するのは気の利いた工夫だ。二本の軸を交差させることで、過去の再現に臨場感がもたらされた。しかも名優ばかりに目を向けるのではない。歴史に忘れられた人たちにも光があてられている。大文字の歴史から抜け落ちた部分が無名人の生々しいディテールによって取り戻された。

数々のエピソードによって、政治風土のきびしさがクローズアップされた。京劇は権力の中心にあまりにも近かったために、脚本家や俳優は権力者の逆鱗に触れたり、権力争いの巻き添えを食らったりすることは珍しくない。雍正帝《ようせい》に余計な質問をしたので打ち殺された俳優もいれば、西太后を怒らせたために命を落とした伴奏者もいた。現代でも京劇の脚本を書いただけで、凄絶な迫害を受けた人がいる。『海瑞罷官』の作者呉晗は本人のみならず、家族も刑務所に入れられた。二十二歳の長女は獄死し、生き残れたのは未成年の息子一人だけである。涙なしでは読めない悲劇だ。

民衆の娯楽にしては、京劇はあまりにも多くのものを背負わされすぎた。異民族支配、軍閥混戦、列強の蹂躙、内部の権力争い。時代の荒波に翻弄されつづけてきた京劇は苦難の近代史の縮図でもあった。激越な節回し、派手な立ち回りの裏に展開されたもう一つの波瀾万丈のドラマは、本書によって明かされた。京劇はもとより、中国を知るためにも役立つ一冊である。

（中公叢書・一九四三円）

風景はいかにして発見されたか 『月瀬幻影《げつらい》――近代日本風景批評史』（大室幹雄著）

日常のなかで見慣れた自然の事物はいつ風景として知覚されるようになったか。近代を読み解くかぎとして、二十年以上も前に議論されていた。本書は月ヶ瀬の風景成立をめぐって、まったくちがう角度からこの問題に迫った。

奈良県添上郡月ヶ瀬村一帯は江戸時代には稲作の適地が少ない。十八世紀後半になると、米作に代わる生産手段として、大量の梅が商品作物として栽培されるようになった。ほんらい山間部の痩《や》せ地を利用する農民の智恵だが、その結果、月ヶ瀬には広大な梅林ができた。ただ、その時点では月ヶ瀬はまだ梅の名所ではない。

十九世紀の前半、山口凹巷《おうこう》、斎藤拙堂や中村栗園《りつえん》らの紀行文によって、月ヶ瀬は梅の花の観賞地として知られるようになる。とくに頼山陽の添削を受けた斎藤拙堂『月瀬記勝』の影響は圧倒的に大きい。拙堂の文章は唐土の風景享受を踏まえながらも、日本の風土に即した自然観照を示した。それをきっかけに、山水に向けるまなざしには質的な変化が起きた。大陸の漢詩文コンテクストというめがねに加え、斎藤拙堂のまなざしを通して風景を読み取ることも可能になった。さらに、拙堂のテクストを中心に多くの詩、画が制作され、新たな抒景の伝統が形成された。

このように農民によって生産された景観は江戸シノワズリ（中国趣味）のレンズを通して風景として見いだされた。漢詩文として記憶され、広く伝達されるうちに自然の景物を見る目が養われ、やがて風景描写を人生観の隠喩とする表現法も徐々に板についてきた。

詩文に詠まれた山水への旅は、まず儒学的な精神陶冶《とうや》として文人墨客のあいだで流行した。やがて、そうした場所は名勝地として定着し、ふつうの庶民も訪れるようになる。その間、風景は引喩の反復と引用の連鎖のなかで増殖し、巨大なテクストのネットワークを構成するにいたる。

外界をありのままに観察し、リアルに描写することは、風景の発見にとってはたして不可欠の前提なのか。そのことについて、著者はみごとな反証を示した。大地震という偶然の出来事のために、田北六兵衛という農民は月ヶ瀬の景観を文章につづる機会をえた。しかし、彼は目のまえの情景を生き生きと描いていたにもかかわらず、その「リアリズム的な」描写によっては風景は発見されなかった。逆に現実に先行する漢詩文において、農耕や狩猟など生活や生産活動の延長としての自然は初めて日常から切り離され、風景として眺められるようになる。

風景は景観の「生産者」ではなく、都会から来た文人たちによって発見されたという指摘は問題の本質に触れている。都市的なまなざしと非日常性の体験。これらは風景が成立するための不可欠の条件である。その点では、山林、田園、浜辺、湖畔など現代の観光地も例外ではない。都会の文化エリートたちによって発見され、享受されるという意味では、月ヶ瀬のみならず、すべての風景はしょせん「幻影」に過ぎない。

古代中国の都市論の連作において驚異の博識ぶりを発揮した著者は、本書でも東西の文献を博引旁証しながら論を展開した。計算された脱線は視点の散漫にならず、かえって論述に興を添えて楽しい。

風景の発見をたんに文学の問題としてではなく、文化アイデンティティを自覚する過程として読み解くのは優れた発想だ。副題の「近代日本風景批評史」として読むには、なお後編の刊行を待たなければならないが、いずれにせよ十九世紀の精神史論としても刺激的な書物である。

（中公叢書・二四一五円）

日本人の自然観に見る大陸との文化往還　『花と山水の文化誌』（上垣外憲一著）

桜の花を見て感動し、山間に流れるせせらぎに心のやすらぎをおぼえる。自然に対するそうした感受性はどこから来たのか。日本人が自然を見る目の移り変わりをたどっていくと、東アジア文化が響き合う歴史が、絢爛《けんらん》たる絵巻のように目の前に展開された。

古代の日本人は山や川から草花にいたるまで、すべてのものに人間との同質性を見いだし、千変万化する自然の事物に聖性を賦与《ふよ》した。著者は名付けて「原初の自然観」という。後に大陸文化やインドの仏教思想が洪水のように押し寄せてきたにもかかわらず、そのような感受性は一度も途絶えることはなかった。

平安時代に中国の山水詩が入り、季節の美しさを通して自然を眺め、風景に感動する気持ちをあらわす表現法は漢詩文や和歌のなかで定着した。王朝の貴族たちは新しい思潮につよい好奇心を示しながらも、もののあわれという心を忘れなかった。本書ではその一連の文化変容はただ表面的になぞられるのではなく、外来文化を受け入れるなかで、日本独自の自然観照がいかに形成されたかに焦点が当てられた。

もっとも興味を引かれたのは、宋・元の風景享受が日本に取り入れられた過程である。西行、夢窓疎石、世阿弥、芭蕉らの作品解読を通して、日本の風土に即した自然の感受性が大陸文化とぶつかり合いながら、いかに洗練されていったかが明らかになった。花や石などにも魂があり、人間とのあいだに心の交流が可能である。そのような自然観は詩文のみならず、雪舟や長谷川等伯らの水墨画にも見ることができる。

中国の詩文はたんに比較の対象として引用されたのではなく、テクスト間の連想関係や歴史的背景を吟味しつつ、文化コンテクストにおける意味を探る。着眼が新鮮で、個々の作品の読みには独特の見解が示されている。こうした細かいテクスト分析と歯切れのよい文章によって、文化往還の一端を浮かび上がらせることができた。

（筑摩書房・三〇四五円）

ミソとコンソメの思わぬ相性

『ひびきあう詩心――俳句とフランス人の詩人たち』（芳賀徹著）

終戦後まもない頃、高村光太郎はフランス留学時代を振り返り、「近代はパリで起こり／美はパリで醇熟し萌芽し／頭脳の新細胞はパリで生まれる」という詩句を書き、フランス文化から受けた衝撃の大きさを語った。留学から戻った数年後、高村光太郎がいう「小さくけちくさく、うるさい田舎のやう」な日本に、パリから一人の詩人がフランス大使として赴任してきた。ポール・クローデルである。

有能な外交官として働く一方、詩の創作にも励んでいるクローデルの目には、日本の姿はまったくちがって映っていた。欧米文化に憧れていた日本の文学青年たちと異なり、クローデルにとって、この東洋の国こそ豊かな詩想を育み、優れた詩が「醇熟し萌芽」する場所であり、二十世紀に相応《ふさわ》しい「頭脳の新細胞」が生まれる理想の地であった。日本の文学者たちが一斉に欧米に目を向けたとき、西洋の詩人が逆に日本に詩的霊感を求める現象は興味深い。しかも、彼らは学芸の古層にまなざしを注ぎ、伝統的な様式から近代的な価値を見いだそうとした。東西文学のそうした「対流」のなかで、フランス詩人たちが俳句と出会い、十七文字の詩情をみずからが創作した詩に融合させていく。その様子は本書によって生き生きと再現された。

フランス詩と俳句とは一見コンソメとミソのような関係だが、味の付け方一つで、案外相性が悪くないようだ。俳句がはじめてフランスに伝わったのは二十世紀初頭。ポール・クローデルがこの短い詩に興味を持ったころ、文学者のあいだで俳句はすでにかなり知られていた。冨田渓仙と交友し、各地を旅していたクローデルは、日本の風土を観察しているうちに、俳句に対する理解を深め、やがてその表現芸術をみずからの創作実践に取り入れた。その結果、フランス詩には二ないし三行という新しいスタイルが誕生した。

むろん、俳句の技法を取り入れたのはクローデル一人だけではない。現代のフランス詩人たちも、一切の無駄を排した表現法に並々ならぬ関心を示している。本書ではフィリップ・ジャコッテとイヴ・ボヌフォワの二人を通して、現代フランス詩人が俳句に対し、いかにつよい知的好奇心を示したかが紹介されている。個々の詩人が俳句から得たヒントは必ずしも同じではない。ジャコッテのように、詩形の美しさに魅了された詩人もいるし、また、ボヌフォワのように形式の長短にこだわらず、もっぱら自然のうつろいに対する深い洞察と、それをあらわす言語の精錬に共鳴した詩人もいる。ただ、俳句について独特の批評眼を持ち、みずからの詩作にこの表現様式のエッセンスを吸収した点では共通している。

東西の詩の影響関係というテーマを扱っているにもかかわらず、小難しい批評用語はいっさい用いられていない。誰もがおもしろがる内容を、わかりやすく語っているから、じかに心に響いてくる。

よく練られた文章は魔法の鍵のように、フランス現代詩という重い扉をいとも軽く開け、読者たちを色鮮やかな言葉の花園に案内してくれる。

作品の批評は平板な語句の解釈にとどまるのではない。行間ににじみ出る詩情について、叮嚀《ていねい》な読みが行われている。クローデルの詩から芭蕉の句を連想し、さらに種田山頭火へと想像力を羽ばたかせていくところに、著者一流の詩的感性がうかがえる。紹介された作品はどれも美しいが、著者の手になる翻訳もまた情趣が深い。詩の批評としてはいうにおよばず、時空を越えた日仏詩人による唱和詩集としても楽しめる。

（ＴＢＳブリタニカ・一〇五〇円）

消費社会の更年期を過ごすためには

『時代のきしみ――〈わたし〉と国家のあいだ』(鷲田清一著)

いきなり思わぬ問いかけである。〈わたし〉の身体はわたしの持ち物なのかと。臓器移植や臓器売買から連想された質問だが、本書を読み進んでいるうちに、意外にも哲学の根本問題とつながっていることに気づく。

現在の臓器移植法にしたがえば、人間が脳死した場合、一定の条件を満たせば、臓器移植が可能である。ところが、「脳死体」の処分権がいったい誰に帰属し、人間ははたして自分の身体を〈物件〉のように自由に処分できるのか。そのことについて、多くの人はおそらく深く考えたことはないであろう。その疑問は何も臓器移植に反対するためではない。現代社会における人間の身体感覚や生命感覚について、もう一度考え直すことの大切さを示すものである。遺伝子操作、分子レベルの治療、クローン技術の開発などによって、かつて有機的な統一体とされた身体は部分として「存在」可能になった。生命がパーツに分離されるとき、「人格」「意思」や「尊厳」をはたしてどこに求めるべきか。現に、アメリカでは多細胞生体で特許を取得できるようになり、臓器再生技術は応用直前の段階に来ている。「所有」の問題は一世紀前には予想もしなかった状況で再び問われるようになった。

形は異なるが、同じ問題はいろいろなところで噴出している。「清潔願望」に代表されるピュア志向はその一つ。人々は口臭や加齢臭などの匂いに過敏になり、洗口液、除臭剤や除菌グッズをフルに動員し、身体からのあらゆる分泌物の駆除に躍起になっている。そうしたことに対し、ただ表面的に批評するのではなく、文化現象としての「純粋志向」を思想史の角度から検証したところに、本書の特色がある。とくに、十九世紀のドイツに起きた類似する現象の経過をたどり、「純粋」幻想が思想界に及ぼした影響や、ナチスの人種浄化へと屈折していった過程を解明したことに深い意味がある。

自分の身体を過剰なまでに浄化したいという欲望は、つきつめれば身体は自分の意のままにできる所有物だ、という意識と接続している。そのことを考えれば、「わたしはだれ」という問いが発せられたのも不思議ではない。ほんらい、この問いは根拠のない共同意識に埋没された自己と他者の距離を発見する契機になるはずである。しかし、流行語のようにくり返されているうちに、意味の縁《ふち》がすり切れてしまった。その結果、問いかけの目的が忘れられ、ほんらい問われるべき事柄がかえって見えにくくなってしまう。そうならないためには、自己と他者の「断裂」に蓋をしてはならない、と鷲田清一は力説する。

自己と他者の「断裂」は国家の問題にも跳ね返ってくる。国民国家は個人の集合体として想定されている以上、鷲田清一が指摘したように、個人は己の内面へと閉じた私人であるとともに、国家を形成する主権を持った市民である。同一性の糾合において、差異が隠蔽されることを警戒しながらも、国家の存在が現時点では、なお必要であるという事実も受け入れざるをえない。この見解は周到に構築された理論に武装されているだけに、感情に流されやすい国家論の危うさはまったくない。

消費社会は個人の自由をたえず拡張させたと同時に、自己と他者との関係性の切断につねに加担してきた。携帯電話、iモード、パソコン通信、ネットショッピング。急速に成長した情報技術は日常的なコミュニケーションを直接対面の「煩わしさ」から解放した。だが、煩わしさ、鬱陶《うっとう》しさからの遁走《とんそう》は、はたして人間を幸せにしたのか。鷲田清一が言うとおり、どのような質素な生活でも、生きていくためには、気が遠くなるような複雑な社会関係を前提としなければならない。誰もが誰かの恩恵を受けなければ、現代人としての生の営みは不可能である。しかし、テクノロジーという一枚の葉によってわれわれの目は遮られ、他者との関係性という森を見失ってしまった。その問題について鷲田清一はこれまでも身体、モード、顔などを通してくり返し論じてきたが、今回は新たにいくつかのアングルが用意された。所有、純粋、国家、偶然や時間意識の構造などの問題を射程に収めることによって、より広い視野で思索を深めることができた。

難しい哲学の問題を、日々の生活のなかでよく目にする文化事象を通して読み取り、そこから現代社会の精神病理にメスを入れる。鷲田清一が得意とする手法だが、本書でもその技が冴えている。

高度成長の時代を青年期に譬《たと》えれば、現在は消費社会の更年期にさしかかろうとしているのかもしれない。無理に冷や水を浴びるのではなく、また、ひたすら懐古情緒に浸るのでもない。鷲田清一のことばを借りれば、わたしたちが身体を持つという事実を、もう一度、自己と他者の境界ゾーンへ十分に置き戻して考える必要がある。

（TBSブリタニカ・一九九五円）

幻覚のなかで壊れる自分をさらす　『上海キャンディ』（棉棉著）

読みながら軽い眩暈《めまい》がした。つい十年前、誰がこんな小説の出現を予想したであろう。驚いたのは内容の過激さではない。若い世代が己の内面を直視するときの戦慄《せんりつ》が鮮明に印象に残ったからだ。

主人公の「わたし」は進学校の女子高生である。クラスメートが発狂し、急死したことに衝撃を受けて、高校を退学した。無名のバンドに入り、売れない歌手となる。地方まわりをしているうちに、賽寧《サイニン》というギター弾きの若者と知り合う。この出会いは少女の運命を大きく変えた。二人は喧嘩しては仲直りをし、短い同棲をしてはまた口論して別れる。その間、若者も少女も徐々に酒に溺れ、ドラッグの泥沼にはまっていく。放浪癖のある賽寧は彼女と恋をしながらも、次々とほかの女と関係を持つ。少女も新しい男を見つけては軽々しく性交渉に及ぶ。不可解な恋の情熱は根拠もなく燃え上がり、次の瞬間にはまた理由もなく急に冷めていく。気付いてみたら、自分も相手も傷だらけである。

『キャンディ』という原作の書名には、いくつもの意味が込められている。物質が欠乏する時代に生まれた子どもたちにとって、キャンディは誘惑と快楽の象徴であった。彼らが青春期を迎えた時期は、市場経済が実施された時代とほぼ重なっている。大人に成長するにつれ、キャンディたちは姿を変えてまた目の前にあらわれてきた。ロックンロール、アルコール、セックス、ドラッグ。痙攣《けいれん》とともに経験される感官の刺激を求めて、彼らは次々と禁断の「キャンディ」に手を出していく。

サブカルチャーを題材にしながら、エンターテインメント性をあまり感じさせない。むき出しの生の不安を描き出した点は、むしろ近代小説のメランコリックな灰色を髣髴《ほうふつ》とさせる。社会の周縁で生きる浮遊感を表徴すべく、過去の時間と現在の時間が乱雑に交叉する。精神の幻覚は自閉的な空間のなかで身体感覚とぶつかり合い、現実は夢想のなかでバラバラに壊れていく。

あらゆる権威性に挑戦する動きは、八〇年代後半の作家王朔にさかのぼる。しかし、棉棉《メンメン》においては、作品の完成度は前者をはるかに凌ぐ。大胆な文体は内容の衝撃さを見事に引き立て、レトリックの冒険は独特のリズム感を醸し出している。関係性の喪失を示唆するかのように、第一人称をわざと第二、三人称と混線させ、不機嫌な会話は独り言のように展開されている。パラノイア的な文体、分裂的な比喩、支離滅裂な語り。統一失調の症候は主人公たちの破滅的な行動だけでなく、記述空間そのものにも浸潤している。だから、粗っぽさも計算された技法として可能になる。

主流文化に反抗する姿勢はカウンター・カルチャーを連想させる。しかし、この作品から政治的なメッセージを読み取ろうとしても意味がないであろう。彼らはもともと政治的な欲望と無縁である。ナルシシズム的な抵抗は制度の補完にすぎないことを若い人たちはよく知っているからだ。だから、彼らがただみずからの精神が輝かしく腐乱していく姿をさらし出すだけである。

この小説の長所は、物語に相応《ふさわ》しい文体が確立されていることだ。翻訳でそれをどう再現するかはきわめて大事なことである。しかし、「月の光はいつも路面を斜めに彎曲《わんきょく》させる」が「月の光が路面に斜めに射している」と訳されては困る。小説は電気製品のマニュアルではない。原作の迫力を伝えるためには、文学らしい訳し方が求められる。版元や編集者の意向もあり、必ずしも翻訳者のせいにすべきでないかもしれない。ただ、たとえ出版できなくても、自分の主張を貫き通すぐらいの気概を持ってほしい。翻訳、出版の難しさを承知の上、あえてひとこと苦言を呈する。

（三須祐介訳、徳間書店・一五七五円）

二千年の往来からみる隣国と日本　『アジア海道紀行』（佐々木幹郎著）

佐々木幹郎のアジアを見る目にはいつも意表をつかれる。媽祖《まそ》信仰を通して、東シナ海沿岸の海の民の行き来を探り、鑑真の渡航ルートをたどることで、古代人の航海と漂流の苦労を再現させる。一本の唐辛子から朝鮮半島との往来の細部を読みとり、凧《たこ》揚げの糸をたぐっているうちに、オランダを文化交渉の歴史舞台に引っぱり出す。そのまなざしは過去の時空にとどまるのではない。文化的現在は過去の続きとしてきちんと捉えられている。多くの人がアジアの変貌に目を奪われたとき、一人だけ下町のコオロギ市場を彷徨《うろつ》いている。そして、この昆虫の飼育に注がれる人々の情熱から、新しい都市と文化古層のあいだの紐帯をみごとに見いだした。

文書化された歴史を佐々木幹郎は安易には信用しない。可能なかぎり史料を利用するが、それにとらわれることは決してない。どのような些細な疑問でも、必ず現地の土を踏み、自分の目で確かめないと、納得しない。十二のエッセーからなる本書は、決して旅の見聞を無造作に綴った紀行文ではない。書名に「紀行」と冠したのはむしろ実地踏査の証である。

一連の旅は、鑑真が日本に漂着した地点に始まる。いまやすっかり寂れた過疎地になった鹿児島・

坊津《ぼうのつ》はかつて日本の三大港の一つと呼ばれ、大陸との貿易で隆盛をきわめた。ただ、はるばる九州のはずれの地を訪ねたのは、鑑真の足跡を探すだけではない。その渡航ルートがどのように選定され、また、なぜここに漂着したかを調べると、思いがけない歴史の一幕が目の前に展開されてくるからだ。すっかり荒廃した唐人町、溺死した密貿易の中国人船員の慰霊塔。それらはすべて東シナ海の海上交通が残した痕跡である。なかでも、野間岳の頂上にある野間権現社はその最たる例といえる。この神社のご神体はなんと中国の海の民たちが航海の守り神として信仰している「媽祖神」。昔の人たちは異国の神をも分け隔てなく受け入れていた。読みながら、その懐の深さに心が打たれた。佐々木幹郎は詩人で、歴史研究家ではない。だから、かえって史料に埋没することなく、歴史に向ける想像力を自由に羽ばたかせることができる。鑑真や遣唐使たちの渡航を体験するために、「鑑真号」に乗り込み、台風で荒れ狂う八月の東シナ海を渡る。深夜のデッキに立って、広大な漆黒の空間のなかで不安と孤独感を味わうのは、佐々木幹郎にとって、『唐大和上東征伝』や『入唐求法巡礼行記』などの古い文献を理解する上で、欠かせない体験である。

陸地からではなく、海から陸地を眺めるという視点の転換も、これまで知られてきた歴史の風景を一変させた。杭州湾の東の海上に普陀山という小さな島がある。観音信仰の霊場として知られ、いまでも大陸や台湾から、年間百万人を超える観光客が訪れる。佐々木幹郎がこの島に着目したのは、普陀山の観音信仰の発生に、一人の日本人僧侶がかかわっているからだ。鑑真一行がその近くを通過してから百年ほど後、慧鍔《えがく》という日本人留学僧が普陀山に漂着した。仏教の名山である五台山で修行を終え、観音菩薩像をもらい受けて日本に帰る途中、普陀山の海上でさまざまな超常現象に出合い、何度も足止めされた。観音菩薩の神意を悟った慧鍔はついに帰国を断念し、現地で小さな寺院を作り、観音像を安置した。それが普陀山の観音信仰のはじまりだったという。遣唐使たちはたんに大陸文化を持ち帰っただけでなく、大陸文化とも深くかかわっていたのである。

史実の考証をあつかう専門書とはちがって、佐々木幹郎の文章は独特の情緒があって、しかもわかりやすい。テンポのよい展開と、みごとな語り口は探検記のようなおもしろさがある。とくに際立っているのは、読者を過去の時空に連れ戻し、歴史の現場に立ち会わせる手法である。波に揺れる感触や、岸辺から見た海上の光景を描きながら、千年前の出来事を振り返ると、引用された古い記録は急に親しみのあるものとなる。大きな出来事よりも、歴史の隅に忘れられてきた細かい事実を拾い上げる。この姿勢は、朝鮮半島との往還を眺めるときにも貫いている。しかも、着目したのは、唐辛子や柑橘類といった、目立たない農産物である。垂仁天皇の世に、田道間守《たじまもり》が「常世の国」から持ち帰った「非時《ときじく》の香《かく》の木の実」を訪ねる旅は、『古事記』と『日本書紀』の記述を生き返らせたのみならず、済州島の地理的、文化的独自性をも浮かび上がらせた。

日本がアジアと相対するとき、無意識のうちに欧米の目線で近隣を見ることが多い。本書は、現代を過去からつづいてきた歴史のなかで捉えることの大切さを教えてくれた。明治維新以来、すでに百三十五年過ぎた。だが、アジアとの、二千年以上におよぶ往来に比べて、ほんの一瞬に過ぎない。佐々木幹郎はそのことを私たちに語ろうとしたのかもしれない。

（みすず書房・二八三五円）

「低俗」が支えた高雅な士大夫世界　『江南——中国文雅の源流』(中砂明徳著)

江南の地の文化については、これまでにも多くの論考があるが、本書のアプローチはひと味違う。文化の中心地となった江南の洗練さを衒学的に再現するのではなく、非主流文化の位相とその役割に着目している。

明清時代の文雅の世界といえば、まず想起されるのが高度な表現技巧を持つ文人画や書道であろう。しかし、著者は書画の芸術性や、その精神的な寓意性よりも、むしろ美術鑑賞の陰に隠れている商業意識に注目した。骨董の取引や、贋作の流通過程を探ることで、商品としての側面に光があてられた。風雅は無条件に俗世を超越しているのではない。人間の虚栄心につけ込み、利益を上げようとする商品経済の動機も文雅の世界を裏で支えていた。著者がいうように、知識や教養の標識とされた文人趣味もまた「市場」なのである。南宋以降、杭州や蘇州などの江南都市は繁栄を遂げ、明代になると、手工業や商業が著しい発展を見せた。そのような変化のなかで、都市文化の中心に位置する文人の世界も変わらないはずはない。美術品と同じように、書物も営利の対象となり、商品として生産、販売されていた。儒学関係の著述や史書の編纂は学術上の理由だけで行われたとはかぎらない。科挙受験という市場とも深く関係している。試験対策のために編集された書物の形成とその流布の過程をたどることで、科挙と出版業とのかかわりを示したところが面白い。

書画の模造品と同様、受験用参考書の粗製濫造もほんらい文雅にはほど遠い。しかし、その「俗」の世界もまた士大夫階級のヒエラルヒーが成り立つ前提の一つである。受験指導書の編集者や出版業者が文人のすそ野であり、彼らの営みは学問のあり方にも一定の影響を及ぼした。「高雅」が「低俗」に君臨する一面のみ注目するのではなく、その逆の動きと流れもきちんと捉えられている。

本来、江南とは、長江下流の南岸地域を指しており、いまの江蘇省南部、浙江省、安徽省と江西省などが含まれている。しかし、本書でいう江南はやや範囲が広い。じっさい、福建についても多くの紙幅が割かれている。とりわけ、海外との交渉を扱う後半では、福建人が多く登場する。南方文化を語るとき、複数の地域をひとまとめにせず、南部のなかに内的な差異があることも見落としていない。

武人の活躍や、軍事書の編纂にたずさわる人々の事跡はとくに興味深い。中国の歴史は割拠と統一のくり返しであった。にもかかわらず、文人に比べて、軍人は古くから蔑まれている。不思議なことに、なぜ武人が嫌われていたかについては、案外その研究は少ない。本書はその問題に直接は触れていないが、明代における兵書の地位上昇や、文官と武官との関係についての指摘は示唆に富む。

明代文人の世界認識において、豊臣秀吉の朝鮮出兵の余波は大きい。数々の秀吉伝説はその衝撃度を示している。倭冠の問題とともに、明の文人たちに海防をつよく意識させたのは著者の指摘した通りである。それまで、北方の騎馬民族が攻めてくるたびに、人々はひたすら南に逃げていた。だが、秀吉と倭冦は南方の人たちにはじめて「外部」のことを認識させた。この問題を江南や華南の地から眺めると、さまざまなことが見えてくる。

本書で取り上げられているトピックスは多岐にわたるが、いずれもこれまであまり注目されていない視点からとらえられていることが印象に残った。

（講談社選書メチエ・一五七五円）

内からの視線でとらえた意外な一面　『絵とき　百貨店「文化誌」』（宮野力哉著）

デパート研究といえば、まず思い出されるのが初田亨の『百貨店の誕生』であろう。また、文化エリートを動員した広報活動が、いかに趣味の創出を通して、生活意識を操作したかについての研究や、文化史的な位置づけのなかで百貨店の変遷をたどった論考など、ほかにもいくつかの興味深い書物がある。ただ、そうした本はいずれも外部の専門家の手になるものだ。百貨店の第一線にいる人たちが何を見、どう考えてきたのか。前々から興味があった。この問題に答えてくれる本がようやく現れた。著者はグラフィック・デザイナーで、四十年間もデパートの宣伝部に勤務していた。現場での体験を生かし、詳細な調査をもとに書き上げたのが本書である。

近代文化において百貨店がどのような役割を果たしたかについて、これまで都市空間か表象空間といった角度から捉えられることが多い。それに対し、著者はモノを通して把握しようとした。呉服屋が百貨店に変わる過程のなかで、座売りから陳列販売への転換はもっとも革命的な変化である。そのことは早くから言われてきたが、著者は一歩踏み込んで、その変化を可能にしたのは板ガラスの使用だ、と指摘した。白木屋は明治三十六年の新築をきっかけに、アメリカから十一枚の板ガラスを輸入し、大型のショーウインドーを設置して客たちをあっと驚かせた。明治四十年に河合林三郎が板ガラスの製造に成功し、ドイツやベルギーからの輸入にたよる歴史にようやくピリオドが打たれた。著者がいうように、もし板ガラスがなかったら、陳列ケースもショーウインドーもなかったし、出入口のガラスドアもなかった。陳列販売が難しくなるばかりでなく、照明技術がまだ発達していない当時、店内がかなり暗くなり、デパートへの転換にも影響が出たのかもしれない。

文化の移り変わりのなかで百貨店の問題を考えるとき、著者の視線はつねに内から外へとたどっていく。だから、見えてくる風景もこれまでのとは違う。かつてデパートに入るときは、靴を脱ぎぞうりにはきかえるか、足袋や裸足でなければならなかった。店内は絨毯か畳敷きで、埃だらけの道路から土足で入られては困るからだ。その後、客の数が急増したため、百貨店側はついに土足入場を決断した。その経過について、早くから研究がなされているが、著者は下足預かりの方法が取られているあいだ、店側が大量の靴をどう扱っていたかに注目した。高島屋の大阪心斎橋店では、床下にレールを敷き、正面入口から預かった下足を裏側の出口まで機械で運搬させていた。残念ながら写真は残っていないが、世界のデパート史でも独特の発明である。このような細かい事実も内部の人間でなければ気付かないであろう。

デパートのモノ作りに関連する新事実のなかで、造船業とのかかわりも興味を引く。著者の調べによると、戦前の百貨店は商品販売だけではなく、船舶用品を製造し、船室の内装も請け負っていたという。昭和四年、長崎の三菱造船所は大型の客船浅間丸を建造した。この船の特別客室を設計制作したのが大阪高島屋で、日本座敷を施工したのは三越京都工場であった。艦船用の旗、客船用のインテリアや装飾品ならともかく、デパートが船の一部分をまるごと製作することは驚きだ。

多くのデパート研究は明治大正期に偏っているのに対し、本書は戦後も視野に入れている。また、デザインの角度から検証するのも本書の特徴の一つである。同じ美術展覧についても、ただ場所提供の側面に目を奪われたのではなく、展示企画によって、デパートが多くの画家を育てたことをも見抜いた。

百貨店は美術を広告として積極的に利用したが、画家たちもデパートの介在を通して、芸術と日常との距離を縮めようとした。戦前から続いた美術の展覧会もそうだが、岡本太郎のように意識的にショーウインドーを作品発表の場にする芸術家があらわれたのもそのことと関係している。デパートはたんなる商業施設ではない。都市の情報空間として、文化の水位を調節し、差異を中和する緩衝地帯の役割もはたしている。

戦後、美術展に加え、地方や外国の物産展もデパートで開催され、欧米のみならず、発展途上の国々をも含め、外国文化の情報中継地としても力を発揮するようになった。一方、銀座松屋をはじめ、各地の百貨店でグッド・デザインコーナーが設けられ、コピー天国であった日本を、デザイン大国に導いた過程も本書によって詳細に再現されている。

業界誌に連載されたためか、部分的には論述がやや散漫になっているのが難点である。ただ、社史から新聞記事、関係者の証言にいたるまできちんと調べ、これまで知られていない事実を拾い上げたのは評価できる。しかつめらしい専門書とちがい、興味深いエピソードもふんだんに織り込まれており、また、豊富な図像を駆使し、読ませるための工夫もしっかりとなされている。

（日本経済新聞社・三九九〇円）

VI　二〇〇三年

1・10　北朝鮮が核拡散防止条約（NPT）からの脱退を宣言.
2・ 1　米スペースシャトル「コロンビア」が大気圏再突入中に空中分解し，乗組員7人死亡.
2・18　韓国で地下鉄放火事件が起こり，死者192人.
2・26　米政府高官が，北朝鮮が原子炉の再稼働に踏み切ったことを明らかにした.
3・19　英米軍がイラク攻撃を開始.
4・ 2　新型肺炎（SARS）はアジアを中心に18の国や地域で広がり，WHOは香港と中国広東省への渡航自粛を勧告.
4・28　日経平均株価の終値が7600円に迫り，バブル崩壊後の最安値を更新.
4・24　北朝鮮は米中との3カ国協議で核保有を表明.
5・29　日本政府は万景峰号を現行法で監視することを決めた.
6・23　インドのバジパイ首相が訪中し，「中印全面協力宣言」に調印し，交流の拡大を確認.
7・ 7　中韓首脳が北朝鮮の核問題の平和的解決を確認.
7・31　北朝鮮が6カ国協議を受け入れる.
8・21　上半期の日中貿易総額が604億円余に達し，前年同期比33.9%増.
9・16　韓国政府は日本の大衆文化の第4次開放措置を2004年1月から実施すると発表.
11・25　インドとパキスタンの当局者はカシミール地方の休戦に合意.
12・12　日本は東南アジア友好協力条約に加盟.
12・13　イラク駐留米軍はティクリート近郊でイラクの元大統領サダム・フセインを拘束.

アメリカによるイラク攻撃が最大のニュースであろう。ブッシュ政権の一国単独主義は多くの批判を招いたが、多くの人々がアメリカの圧倒的な軍事力を目のあたりにした。

四月あたりから一転して新型肺炎のＳＡＲＳが最大の話題になった。米国のイラク侵攻は、力のあるものがほしいままに世界を支配できるという印象を与えたならば、ＳＡＲＳは自然の威力のまえで人間がいかに無力であるかを改めて見せつける結果となった。ＳＡＲＳにかかったら、治療薬もなく、感染を防ぐ有効な手だてもない。一旦、発病すると、無情にも隔離され、死を待つ運命となる。患者が期待できるのは自分自身の治癒力。人類社会が一気に中世に戻ったような気がした。

夏には長雨や低温が続き、エアコンなど家電製品の販売に影響が出た。スーパーや百貨店の売上げも不振。一方、ヨーロッパ各地には異常な熱波が襲い、高齢者を中心に三〇〇〇〇人以上が死亡した。

インターネットの普及で関連する事件が多発した。「出会い系」サイトを悪用した事件が数多く起こり、とりわけ児童売春をめぐる事件が増加した。インターネットを介した集団自殺、いわゆる「ネット心中」も続発している。高齢者を狙った「オレオレ詐欺」が急増し、社会問題となった。

一方、ペットブームや焼酎ブームが起こり、ＮＨＫ大河ドラマとの影響で「新撰組」の関連書が多く刊行された。フジテレビ「トリビアの泉」が高視聴率を獲得したことも、この年の出来事として触れておくべきであろう。

養老孟司『バカの壁』は年間を通してのベストセラーのトップ。片山恭一『世界の中心で、愛をさけぶ』は二〇〇一年の刊行だが、本屋の推薦もあってよく売れるようになった。

洗練された町並みを取り戻すには

『失われた景観――戦後日本が築いたもの』（松原隆一郎著）

都市開発の際、町並みの調和と眺めの連続性を大切にすべきで、経済効果や企業利益だけを追求してはならない。市場任せにすれば、景観の荒廃は免れない。そのことを社会経済学の専門家が言い出したのは意味深長だ。

日本の町の伝統的な風景が失われたことについて、これまでにも懐古的に語られていた。しかし、特定の専門分野にかかわることではないから、問題の由来を探り、現状をわかりやすく分析する書物はほとんどなかった。ひと言「都市景観」とは言っても、きわめて複雑な要素が絡んでいる。そもそも「景観」の定義は曖昧《あいまい》で、明快な基準があるわけではない。じっさい「景観権」はいまだに法的に権利として認められていない。

本書でいう景観は、日常の範囲に限定されている。由緒のある景勝地よりも、身近の住居環境の不快な点に注目している。しかも、ただ情緒的に嘆くのではなく、地道な取材や資料の裏付けを通して、その社会的経緯をきちんと整理している。

町並みの美しさを破壊した例として、均質的なロードサイド商業施設、神戸のニュータウン開発、および東京の市街地に張りめぐらされている電線のことがあげられている。共通しているのは、いずれも生活圏の景観が脈絡もなく裁断されている点である。一方、その対照例として、古い町並みの保存に取り組む神奈川県真鶴町の試みが紹介されている。

車で郊外の幹線道路を走ると、道沿いにはどこも似たような光景が繰り広げられている。大型専門店の単調なデザイン、巨大な看板、けばけばしい色彩。歩行者の視線ではなく、車窓から見やすいかどうかを前提にしているから、威圧的で、センスの悪い外観が氾濫する悪果がもたらされた。

日常景観が荒廃した理由は戦後の経済施策にあると著者は指摘する。戦後日本の国土計画は経済成果を追求し、景観や居住性はつねに後回しにされていたからだ。山を削り、海を埋め立てては、新しい住宅地を造成していた。コンクリート護岸や消波ブロックを含め、海岸線の四割がすでに人工化しているというから、開発優先の後遺症は軽くないようだ。

ただ、住民だけが被害者、というわけでもないようだ。都内の住宅街や裏通りの電線地中化が遅々として進まないのは、行政や関係事業者に主な責任がある。また、所有や管理関係が入り組んでおり、どちらも単独では手に負えないのも事実だ。一方、住民のあいだに工事に反対する声があることも無視できない。同じ地域の景観でも、人によっては感じ方が必ずしも同じではない。

人文系の領域では、もともと風景はもっぱら精神性の隠喩として、あるいは芸術表象のあり方として語られてきた。景観は自己投影の対象と見なされているから、少なくとも、この問題が社会的な注目を浴びるまで、抽象的に論じられてきた。経済の成熟とともに、景観に対する関心や見方もずいぶん変化したと実感した。とくに政界の動きも絡んでいる点は驚きだ。
二〇〇二年十二月十八日、国立市の大学通りに建設されたマンションに対し、東京地裁は二十メートル超の部分を撤去する判決を下した。一見、景観を守るという考えは、かなり社会的な共通理解をえたように見えたが、将来の展望は必ずしも明るくない。現に電線の地中化問題などは依然として出口が見えない。行政や司法に過大な期待をせず、自ら行動を起こし、負担をも覚悟することが大切である。

（PHP新書・七三五円）

「精神の庶民」が描いた大衆化の時代　『林芙美子の昭和』(川本三郎著)

一人の作家の足跡をたどることで、昭和という時代が鮮やかに甦ってきた。それも、純文学の大家ではなく、流行作家を通してだ。なぜ林芙美子なのかについて、川本三郎は庶民の日常に寄り添うことを第一にあげた。大衆化の時代を検証する上で、民衆に人気のあった流行作家のほうがふさわしいと考えられるからだ。

言語表現の芸術性と文学的想像力といった問題をいったん後回しにする。庶民的な感受性を保ち続けた林芙美子の目を通して、昭和という時代の雰囲気と、それに敏感に反応する民衆の心情を読み出した。小説を庶民感情の「記録」として読むという方法がみごとに結実したのは、林芙美子と大衆との心理的な近さを鋭く見抜いたからだ。

林芙美子は大所高所から物事を考えない。作家になってからも、小市民の目線で世の中を眺めつづけていた。戦時中には家庭を支えるけなげな母親像を描いたと思ったら、平和な時代になると、専業主婦のむなしさを表現するようになった。時流ばかりを追う一面は確かにあったが、川本三郎はその創作の流れから大衆文芸の必然性を見いだした。かりに民衆の感性を知ろうと思えば、エリート文化人の手になるものは当てにならない。極貧の体験をリアルに描いた作品のほうが、社会の底辺にいる人々の感情世界を映し出す鏡となる。

林芙美子の作品には生活史の細部が散乱している。しかも、下層住民の目に映ったものだ。『荷風と東京』で都市と文学の響き合いを巧みに読み解いた川本三郎にとって、都市はたんに作家によって描かれた対象だけではない。文学を逆照射する装置でもある。

林芙美子が上京して泊まっていた木賃宿《きちんやど》は、いまの新宿四丁目にあった。震災前後、そのあたりの町並みや建物および人口の流動などについて、「東京市広報」や国勢調査報告などを調べて、作品の記述と綿密な照合を行った。都市全体の動きと作品との距離を測るために、おびただしい資料や先行文献に目を通したのであろう。十銭玉一つでご飯と肉豆腐が食べられる新宿の飯屋について林芙美子の誤記をさりげなく指摘し、上落合の地形と建物の特徴については余談ふうに解説を入れる。一見、目立たない記述だが、東京の雑踏から生まれた作家を追跡するために、川本三郎は林芙美子に劣らないほど東京の町を歩きに歩いたにちがいない。

都市空間の視点からの文学批評なら、これまでにもあった。しかし、本書のように都市のダイナミックな変化と、民衆感覚の移り変わり、さらにそれを表現する文学の三者関係を捉えたものは珍しい。林芙美子はよく引っ越しをする作家である。上京したとき、はじめは「下宿屋」に泊まり、次に「アパート」の住人となる。昭和五年に上落合の借家に転居し、作品が売れてから、下落合の洋館を借りた。下町での長い居住歴はとうぜん作品にも色濃く投影されている。永井荷風とちがって、林芙美子は都市の最下層からはい上がった作家だ。永井荷風には見えなかった都市の死角も、林芙美子の作品を通せばつぶさに見ることができる。

たえず変化する都市が人々の生活とそのメンタリティをいかに変えさせたかは、流行小説の描写とその消費様式を見れば明らかだ。昭和文学はそれまでの文学と決定的に違うところが一つある。すなわち、小説は書物として読まれたのみならず、映画に改編され、二次的な読者を獲得することだ。映画化された作品は、映像を通して日常に還流し、時代精神を徐々に染めていく。そんな反復のなかで、大衆小説と日常の特殊な関係ができあがった。私小説の場合と異なり、大衆小説は文化消費のスケールが大きい。この点において、文学青年のなかだけで流通するものと、女工までが巻き込まれる大衆娯楽とは本質的に異なっている。映画のメッセージは俳優のしぐさやファッション、気の利いたセリフなどを媒介として拡散するから、文化表層を大きく変えることができる。川本三郎が林芙美子の作品と映画との関係にこだわった理由もここにあった。

荷風との比較は随所にちりばめられている。昭和という時代を再考するためには、やはり永井荷風のような「精神の貴族」だけを見ても一面的になりやすい。「精神の庶民」としての林芙美子という視点もまた不可欠だ。本書を読了してみれば、この直感の鋭さにあらためて感心させられる。

林芙美子は戦争協力者であったかという厄介な問題については従来と違った見解を示し、「涙の共同体」の排他的な同情心をあえて肯定する率直さは印象に残った。昭和という時間を遡行するとき、国民国家の論理という壁はつねに横たわっている。領土を超えるヒューマニズムは果たして可能なのか。言説の地平ではなかなか共通認識が得られにくい。過去の難題というより、将来へと続く現在の課題であろう。誰でもが介入できない良心の問題である以上、その問いかけは読者の一人一人にも投げかけられている。

（新書館・二九四〇円）

壊れていく物がなぜ美しいのか　『廃墟の美学』（谷川渥著）

ヨーロッパを旅行したとき、パリかフィレンツェの美術館で廃墟画を見たことがある。現代美術ならともかく、古典的な風景画のなかに置いてみると、際立った違いを感じた。作品名は忘れたが、あの荒涼たる景色はいまも強烈に印象に残っている。

言うまでもないことだが、廃墟とは、時間の経過や自然の猛威あるいは人為の破壊によって毀損し、荒廃した人造物のことである。ローマ遺跡やシルクロードの廃址など、地球の各地に散在しているが、それを芸術表現の対象とするかどうかは、地域や文化によって違う。東アジアでは、崩壊した人造物にはあまり関心が向けられていなかった。むろん、朽ち果てた庵を詠んだ詩はあったし、廃墟という言葉も北宋の時代にさかのぼる。しかし、廃墟画は見あたらず、そもそも画題になるとは考えられなかった。

東洋に比べて、西欧の芸術家たちは廃墟の表象に並々ならぬ情熱を注いだ。ルネサンス時代から今日にいたるまで、数え切れないほどの廃墟画が創作されている。実在としての廃墟はもともと意図的に作り出されたものではない。価値や美を直感させるどころか、むしろ人知の無力さを連想させる。

ほんらい否定的に見られるはずなのに、なぜ古くから美として描かれるようになったのか。

キリスト教の終末論は一つの文化的な背景である。だが、著者は宗教的な象徴性との関連よりも、廃墟の表象史的な特徴に注目した。西欧において、廃墟はまず動態として表象され、のちに静態として描かれる。時代が下るにつれ、断片として表現され、最後にはコレクションに化した。この指摘は、廃墟に向ける想像力の歴史的変化を明快に捉えている。

動態としての表象については、モンス・デジデリオの作品をめぐって考察が行われた。モンス・デジデリオの伝記的事実は二十世紀後半になって、ようやく明らかになりはじめたが、未解明のことはまだ多い。ただ、同じ人名の背後には二人の画家の影がちらついていることは確かだ。著者によると、モンス・デジデリオの絵では都市や建造物が狂気をはらんでいるという。内なる狂気に耐えられなくなったときに、壮麗な建物は自己解体し、崩れ落ちていく。美しさの内部に「崩壊への意志」が潜んでいるとする解釈はおもしろい。

対照的なのはクロード・ロラン。その作品には牧歌的な風景が描かれているが、画面の一角に荒れ果てた古代建築が小さく配置されている。モンス・デジデリオの作品が崩れ落ちる瞬間の迫力を感じさせるなら、クロード・ロランの絵では倒壊した後の静謐《せいひつ》が強調されている。絵画を眺める人の意識を古代という時間、あるいはアルカディアへと差し向けるという意味で、著者は「静態としての廃墟画」と呼んでいる。

古代が理想化されるなかで、廃墟の残片は骨董品として取り引きされるようになった。ピラネージが実物を凌駕するような古代建築を描くと同時に、廃墟を断片として表現したのもそのことと無関係ではない。特定の場所と深く結びついた廃墟はあるべき空間から切り離され、記号としてやり取りされた。だから、一八三七年に死去したイギリス新古典主義の建築家ジョン・ソーンにとって、廃墟の断片がコレクションの対象になったのも不思議ではない。

壊れていく物を表現することは、みずからの内面をさらけ出す過程でもある。廃墟の表象を追うことで、西欧の精神史の一端が見事に浮かび上がってきた。

（集英社新書・六九三円）

希代の名宰相はなぜ生まれたか　『管仲』上・下（宮城谷昌光著）

傑出した宰相として管仲《かんちゅう》の名声は天下にとどろいたが、華々しい成功の裏には鮑叔《ほうしゅく》という人物の存在が見逃せない。莫逆《ばくぎゃく》の友として、二人の関係には友情を越えるものがあった。管仲は国を統治するには優れた才能に恵まれていたが、友人としては問題があるようだ。鮑叔と共同で商売をしていたとき、いつも親友の目をごまかしては自分の取り分を多くした。彼のせいで鮑叔が無一文になったことさえある。にもかかわらず、鮑叔は一度も嫌な顔をしたことはない。それどころか、長年仕えた公子が即位すると、ただちに管仲を宰相に推薦した。鮑叔の深い友情に感動したのか、司馬遷は管仲よりも鮑叔のことを手放しで褒め称えた。だが、宮城谷昌光はそのことに疑いの目を向けた。友人関係において、誠実さや助け合いの心は欠かせない。かりにどんな友情にも打算があるとすれば、管仲に対する鮑叔の情誼《じょうぎ》はなぜここまで堅牢なのか。人格の気高さだけでは、説明しにくい。

数年におよぶ沈思黙考のすえ、宮城谷昌光は一つの推論を打ち出した。鮑叔が管仲の身勝手を何の不平もなく受け入れたのは、二人はかつて師弟関係にあったからではないか。出会いは学問授受の場であったが、師弟関係はほんの短い期間しか続いていない。だから、管仲は教師という意識はなく、鮑叔を得がたい知己として遇していた。「一日師と拝して終身父とせよ」の世界だから、鮑叔は管仲に対し、友人としての謙譲というよりも、師に対する崇敬を持っていた。だから、相手がどんなにわがままに振る舞っても、齟齬は生じえない。司馬遷が気付かなかった二人の関係は、日本の小説家にみごとに見破られた。

歴史小説といえば、奔放な想像と派手な物語展開を連想させるが、宮城谷昌光はフィクションの特権を乱用しない。史実考証はむしろ学者顔負けなほど緻密だ。『史記』や『左伝』と対照しながら本書を読むと、ほとんど人物伝記を思わせるような細部の正確さには驚かされる。人物像や時代背景を復元するために、作家がいかに史料を精読し、歴史の断片をつなげるのにどんなに苦心したかがうかがえる。

むろん、創作においてそれは一つの足場に過ぎない。宮城谷昌光にとって、より大切なのはあくまでも歴史の空白の扱い方である。それが小説家の技量の見せ所であり、また文学が文学たる所以である。斉の襄公《じょうこう》と文姜《ぶんきょう》の密通と、それをめぐる魯の桓公《かんこう》の殺害について、『左伝』の記述はわずか百十八字。だが、宮城谷昌光の手にかかると、たちまち男女の情愛が絡んだ、国家対立の大ドラマに化してしまった。

管仲という人物を通して、現代の生を照射する手法は印象的だ。かりに歴史小説を中島敦と吉川英治の二つの類型に分けるとすれば、宮城谷昌光の作品は吉川英治のような語りの面白さを持ちながら、中島敦のように自意識への凝視を内に秘めている。名宰相の事跡を描くなら、本来その執政手腕に着目するだけでよい。しかし、この小説では宰相になってからのことは、必ずしも語りの中心になっていない。逆に出世する前の苦労、不運、恥辱や忍耐の描出に力が注がれた。歴史小説はたんに歴史の物語に終わるのではない。人間的な成長を描き出した点においては、むしろ近代西欧の教養小説の筆法を想起させる。

宮城谷昌光が読まれているのは、壮大な歴史的時空を再現したからだけでない。現代のプリズムを通して投射された登場人物の生き方が、読者の心の琴線に触れたからだ。

（角川書店・各一六八〇円）

いまアジア観の歴史を振り返る意味　『「アジア」はどう語られてきたか』(子安宣邦著)

書名には「アジア」とあるが、論述の中心は近代日本における中国観である。「アジア」という言葉を使うのは、「中国」という表現を避けるためではない。アジア観は中国観の上に成り立っているからだ。じっさい、明治以来、中国文化がしばしば「東亜文化」と言い換えられ、あるいは「亜細亜」の名のもとで語られてきた。他者をどのように見るか、あるいはいかに語るかは、ただ他者を平板に記述することではない。他者像の構築は、みずからの精神をさらけ出す過程でもある。その意味では、「アジア」の表象史は、近代日本の精神史を映し出す鏡である。アジアとの関係が大きく変わろうとしているいま、この歴史的経緯を振り返るのは決して無駄ではない。否、むしろ緊急な課題であろう。

福沢諭吉の文明論が近代におけるアジア観の出発点であることはいうまでもない。ヨーロッパ文明史の立場で、東洋を非文明ないし野蛮だと認識することは、日本の近代化に思想的根拠を提供したのみならず、アジアを見る目をもひっくり返した。西欧中心の「世界史」への積極的な参入は、必然的に東アジアの国際秩序の再編成へ導く結果をもたらした。福沢諭吉は直接的にはギゾー『ヨーロッパ文明史』から影響を受けたが、本書では西欧中心主義の歴史観の受容について、ヘーゲルの「東洋」認識にさかのぼって検証した。その結果、この文明史観の根源と変遷を近代史に沿って、動的に把握することができた。また、「東洋的な専制政治」を否定したヘーゲルの思想はさまざまな経路をたどって受け入れられ、後々まで近代日本の東洋への眼差しを呪縛した経過も明らかになった。

近代日本の文明論における中心的な課題の一つは、いかにして中国に代わって日本を東アジアの新たな文明的中心に位置づけていくかにあった。「東亜」が地政学の概念として必要なのもそのためである。この指摘は近代日本のアジア観の核心を鋭くついた。工業化に立ち遅れたアジアから離脱し、先進の欧米と合一化する。この涙ぐましい努力は文化的な志向の変更を意味するのにとどまらず、近代日本の、国家としての政治戦略をも規定した。日本はアジアをリードしなければならない。明治から昭和まで続いたこの強迫観念は、経済力をものさしとした国家間の序列意識に由来する。多元的な文化が分布しているアジアでは、もともと盟主など要らないし、またありえない。ましてや、生産力はつねに変化するものだ。長い文明史の目で見れば、経済力の格差は決して固定されることはない。だが、近代の産業文明を過度に評価する世界観からは、近視眼的な見方しか導き出されない。

興味深いのはアジア認識の言説構築におけるマルクス系社会科学者たちの役割である。現在、歴史認識の問題についてはしばしば「左」と「右」の対立として図式化され、単純化されている。ところが、「東亜」をめぐる三、四〇年代の言説を検討していくと、軍部による対外侵略を擁護する言論のなかに、マルクス系の社会科学者によるものが案外多いことがわかった。マルクス『経済学批判』の序言には「アジア的生産様式」という言葉があるが、著者によると、それはイギリスのインド植民地経営がもたらしたインドの社会・生産構造に関する情報によりながら、ヘーゲルの東洋像を社会経済史的に再構成したものだという。日中戦争の開始時に中国の社会経済や思想史の研究が盛んに行われた背後には、そうしたマルクス主義的知識の共有があった。対中戦争を、中国社会を停滞性から解放し、その再生をもたらすものだとして正当化した言説が、マルクスの東洋観とも関係しているとは驚くべきことだ。

地域文明のモデルをめぐる言説の洗い直しは、たんに近代思想の批判的な再検討を意味するだけではない。アジアにとっても歴史の鏡になる。だから、戦前のアジア観が再生産されないために、著者は東アジア全域に向かっても積極的に発信してきた。もし、戦前の軍国主義が、アジアで初めて近代化を成し遂げた国民国家の避けがたい宿命という一面があるとすれば、その教訓は日本のみならず、アジア全域で広く共有すべきであろう。なぜなら、かりに先に近代化に成功したのが日本ではなかったら、同じ運命をほかのアジアの国々がたどったのかもしれない。この認識の持つ重大な意味を、いまだからこそ確認し合い、来たるべき時代の教訓としなければならない。ただ、その不可欠な前提として、理性的な思考にもとづく日本からの声が必要である。アジアがその声を切望している。そうしなければ、アジアから応答することは難しい。エスノセントリズム（自民族中心主義）の粗雑な言論をも批判の射程に入れた本書は、日本からの声としてきっとアジアの人々の心に届くであろう。

（藤原書店・三一五〇円）

歴史学との接点と差異を解く　『司馬遼太郎の幕末・明治』（成田龍一著）

司馬遼太郎の作品を文学として読み慣れた者にとって、歴史研究の視点から読み解く手法は新鮮だ。膨大な作品群から精読の対象とされたのは代表作の『竜馬がゆく』と『坂の上の雲』。歴史小説を「歴史記述」として検証し、史料と付き合わせながら、作家の歴史意識や文明論の本質を吟味する。むろん、その方法は司馬遼太郎の作品の特質を踏まえている。事実、『坂の上の雲』について、作家はみずから「この作品は、小説であるかどうか、じつに疑わしい」と述べている。

通常、歴史学と小説とはまったく異なる領域と考えられている。ところが、成田龍一によると、〈事後〉と〈外部〉から歴史を語るという点では司馬遼太郎の歴史記述は歴史学と共通しているという。じっさい、史料と詳細に照合した結果、司馬遼太郎が史実にかなり忠実である一面が浮かび上がってきた。

一方、司馬遼太郎が描けなかった、あるいは描こうとしなかったことがあることもわかった。生身の人間としての兵士の姿や内面世界、あるいは一家の働き手を失い貧窮する家族についてはまったく触れられていない。文学的な表象の必然性というより、むしろ作家の明確な取捨選択によるものだ。

その理由について、成田龍一は、戦後の歴史学に対する司馬遼太郎の対抗意識にある、と指摘する。司馬遼太郎の作品には戦後の歴史学研究と異なる記述が多く見られるのもそのためである。

「三つの時間軸」に沿った分析に見られるように、本書は着眼が鋭いだけでなく、論証の方法も巧みだ。作品中に描かれた「近代」という時間、作家が執筆する時代、作品が消費された〈現在〉。この三つの時間軸において司馬遼太郎の歴史叙述を考察しながら、三者の関係性を追っていくと、作家の歴史意識を立体的に捉えられるのみならず、その言説消費の性質と背景を把握することもできた。

「近代」「国家」「文明化」といった価値観にこだわりつづけた司馬遼太郎は「国民作家」というより、むしろ「国民国家作家」の名がふさわしいであろう。

（朝日選書・一三六五円）

絵から見た読書人の本音と建前　『花鳥・山水画を読み解く――中国絵画の意味』（宮崎法子著）

二十年ほど前、著者が北京に留学に行ったとき、琺瑯《ほうろう》引きの洗面器や枕カバーやシーツなど、多くの日用品に金魚の紋様があるのに驚いた。また、上海ではホテルの食堂の天井に蝙蝠《こうもり》が描かれているのを見て、不可解に思った。なぜ、中国人は金魚や蝙蝠がここまで好きなのか。この疑問は花鳥画の象徴性を探る伏線となった。

文学研究において受容理論は早くから受け入れられたが、中国美術研究の領域では、つい最近まで注目されていなかったらしい。ましてや、絵画の寓意を読み解くのは邪道とされていたという。著者はこのタブーを逆手にとって、これまで見過ごされてきた中国美術の一側面を興味深く解き明かした。

花鳥画は装飾的な要素が強く、祝祭空間の飾り物として用いられることが多い。その寓意性は同時代の人にとって決して難解なものではない。たとえば、金魚が縁起物として好まれたのは、金魚の発音が「金余《ジンユ》」や「金玉《ジンユ》」と同じだからである。池の金魚を描いた絵は文字通り「金魚満塘《ジンユマンタン》」（金魚が池に満ちる、との意）で、それを見て、字が読めない人でも同音の「金玉満堂」、すなわち「財宝が家に満ちる」という意味がわかる。

だが、当たり前の常識でも時間が経つにつれて忘れられてしまうことがある。たとえば、蝙蝠《ベンフー》は「変福」と同じ発音で、「福に転じる」という願いが託されているが、現代中国の若い世代はすでにわからなくなった。世俗的な欲望を映し出す比喩は多くの場合、知的な深みを欠き、ときには野暮ったい感じさえある。教養のある者はあまり口にしたがらないから、文献記録に残りにくい。祖母や母親によって代々言い伝えられていたため、文化変化のなかで消失しやすい。

民俗的な意味体系を参考軸にしながら、文人画の世俗的な寓意とその歴史的変遷をたどるのは面白い試みだ。中国絵画の特徴として、詩文との親和性や画題の様式化などが挙げられるが、花鳥画という言葉からもわかるように、絵のなかに描かれた動植物はいくつかの種類に限られている。なぜ決められたものしか選ばれなかったのかは難しい問題だが、著者の見方は正鵠を得たものであろう。実際、読書人の生活を考えると、花鳥画が金運や科挙の合格や出世を願う縁起物と見なされていたとするのは理にかなった推論だ。

世俗的な隠喩を内包しながらも、花鳥画は高雅な趣味の象徴と目されたのは、儒教や老荘思想の文脈においても精神性の寓意があるからだ。民間の美意識を文人画に融合させる二重構造を見逃さないところに、著者の中国文化に対する深い理解がうかがえる。

花鳥画に比べて、山水画の比喩はやや単純である。隠逸の希求や、仙界への憧憬は美景の選別を左右したが、風景の表象は文人の精神的自画像であるという意味では、山水画の象徴性は庶民の情緒世界から遊離したものだ。

同じ文人画でも、その社会的な意味作用にはかなり濃淡の違いがある。そのことを浮かび上がらせたのは本書の最大のポイントである。これまで、山水画も花鳥画も同じく風雅の世界だと思われがちだが、本書を読むと、両者の象徴体系は必ずしも同一ではないことがわかった。文人たちは山水画の世界に理想を託し、高潔な精神性を投影させながら、一方では、子沢山《だくさん》、裕福、出世、長生きといった世俗的な願望も持っている。自然物の表象を読み解くことを通して、読書人にも建前と本音の世界があることが明らかになった。

（角川叢書・三〇四五円）

東洋的な詩文の美を投影 『輝く日の宮』(丸谷才一著)

『輝く日の宮』が刊行された直後、知人から「ヒロインのモデルは誰それではないか」とのメールが届いた。モデル探しの話はそれだけにとどまらない。小説家や批評家も丸谷才一氏が仕掛けた遊戯にまんまとはまったようだ。筒井康隆氏は藤原公任から江藤淳のことを連想し、三浦雅士氏にいたっては、里見龍平のモデルは江戸文学の泰斗、中村幸彦に違いないと断言した。

小説が市井的な好奇心をかき立てたのは興味深い。この作品の後景になっている『源氏物語』の写本が宮廷内で流布していた頃、同じことが起きていたであろう。王朝の貴族たちは出回っている巻を読みながら、誰がモデルになっているかについて噂をし、今度は自分のことが書かれるのではないか、と期待しつつも、不安な気持ちで次の巻を待ち望んでいたであろう。

読者をモデル探しに夢中にさせるのは、作品として成功したことの証しである。魯迅の『阿Q正伝』が刊行された後、読者はみな自分のことを皮肉っているのではないかと疑心暗鬼し、作家の知人のなかには本気で怒り出した人もいたという。『輝く日の宮』が読者の心をとらえて離さないのも、文学的想像をそそる面白さがあるからだ。

特筆すべきは、西欧文学の規矩《きく》から自由になった書き方である。近代に入ってから、東アジアの国々はそれまでの風雅の世界を捨て去ったが、この作品によって、文雅の趣味が取り戻されたのみならず、王朝文学の精髄を現代風に生かす方法も示唆された。東洋的な詩文の美意識を作品に投射させつつ、独自のオリジナリティーを確立した点では記念碑的な作品と言えよう。

複式の物語構造は、独特の内容を表現する形式として精緻に練り上げられている。主人公である杉安佐子の、少女時代の恋愛憧憬から始まった物語は、長良豊との恋愛に沿って展開されるが、それと表裏をなしているのは文学史の謎を解くという想像力の旅である。『源氏物語』にはかつて「輝く日の宮」という巻があったのではないか。そう推論した杉安佐子はこの巻が失われた理由を探り、さらに幻の古典の一巻を復元すべく小説の執筆に挑戦する。

「詩文」の可能な形態をすべて融合させる手際は鮮やかだ。連歌のような展開は王朝物語の構造と親和性を持ち、文論を組み込んだ表現法は筆記小説を想起させる。第3章の各小節には年代記のような語句が並べられているが、フィクションに史実を交える記述法は野史や雑記の趣がある。

冒頭の0章は寓意的である。杉安佐子が中学生のときに書いた短編が「引用」されているが、行方不明になったという意味で、紫式部の失われた「輝く日の宮」のイメージと二重写しになる。0章と冠したのは、〈余白〉という布置を暗示するのに効果的である。

余白の美しさを小説の中心に据えるのは優れた着想だ。古今東西にわたって、余白を小説で描写できるとは、誰も気付かなかったであろう。

余白のアウラを際立たせるには、並はずれた文才が必要だ。そこで、作家の恐るべき博識、構成力と練達の文体の威力が発揮された。学者と会社員の恋、学界内の対立と暗闘、会社の昇進人事、過激派の殺し合い。多彩なストーリーの展開は小説の魅力を増しただけでなく、〈余白〉を引き立てるにもみごとに役立った。私たちは筋の面白さを楽しみながら、雅やかな情趣を玩味することができた。

（講談社・一八九〇円）

現代の発端となる時代だった　『白樺たちの大正』（関川夏央著）

明治という進取の時代と、昭和という波瀾の時代に挟まれて、大正は何となく色褪《あ》せて見える。この大正の十四年ははたして何だったのか。近代精神の表象という問題にこだわり続けた著者は昭和に続いて、この目立たない時代について思索をめぐらした。

書名からは文学評論を連想させるが、著者の狙いは文学的な感性の土壌を分析することにある。むろん白樺派は主な批評対象である。一方、国家間の駆け引き、内政の動きから、産業の動向や労働者の収入にいたるまで、作家活動の歴史的背景にも目が向けられている。文学論というより、精神史の考察と言ったほうが相応《ふさわ》しい。

大正期は現代とよく似ている。というより、大正こそ現代の発端した時代だ、と著者は言う。世界のとらえ方も、日本というセルフイメージもあの時代に原型を見いだすことができる。七十年ほど前に形成された社会的慣習や序列意識は形を変えながらも、いまなお続いている。たとえば、つい最近までサラリーマンがもっとも安定した職業と見なされ、大企業に勤めることが人生の最良の選択だとされてきた。本書によると、企業規模による格差も、大企業信仰も、大正年代に根付いたものだという。左翼と右翼の対立という構図でさえあの時代にさかのぼる。

現在「改革」というスローガンが社会の情緒的資源をすべて吸収したのと同じように、大正の時代精神は「改造」への意欲である。日本の産業は第一次世界大戦の戦時下景気で著しい成長を遂げた。だが、急速な発展は不可避的に激しい貧富の差を生み出した。社会的な不平等の拡大と不公平感が広がるなかで、人心は必然的に資本主義の限界論へと傾いていく。社会を「改造」し、みずからをも「改造」したい情熱がたえず刺激されたのはそのためである。

「改造」の衝動を実際の行動に変えたのは「新しき村」である。武者小路実篤、志賀直哉ら白樺派の作家を中心に据えたのは、文学的な語りを特権化するためではない。そうした作家や、彼らのまわりにいた人たちを通して、「改造」を幻想する時代の本質がより的確にとらえられるからだ。

「新しき村」の理想と現実の落差を仔細に点検すると、この小さな共同体を取り巻く時代状況がはっきり浮かび上がってきた。大正期は大衆が主役となった時代の幕開けだとすれば、「新しき村」での肉体労働は知の優越感を誇示する行為だとも言える。「新しき村」にかぎらず、「美しい町」という理想郷に寄せる夢想も、「学習院」という貴族空間に生まれた自意識も、大衆化する時代との対照関係において、その意味が顕在化する。

時代精神を解読するのに、貨幣という現象を手がかりとする手法は印象的である。「新しき村」の経費、小説の原稿料、教員やサラリーマンの賃金など、貨幣に関係する数字は徹底的に調べ上げられている。文学という営みを貨幣経済という視点から眺めることによって、文学批評の新たな可能性が示唆された。

大正時代の人たちは世界を強く意識していた。母性の讃美も、童心主義の礼賛も明治という時代に対する反発だけではない。エレン・ケイをはじめ、欧州の女権運動家が提唱した母性尊重や児童中心主義の思想による感化も見逃せない。著者が諷刺したように、大正の人たちは「世界」を重視するあまり、たとえ「世界の大勢」が破滅へと向かっても、それに従おうとしていた。

著者の意表をつく読解によって、大正時代も「退屈な」個人主義の小説もにわかに輝きを取り戻した。白樺派の作品をまた読みたくなるような気がした。

（文春文庫・八〇〇円）

言語の外に出た時に作家が見たもの

『エクソフォニー――母語の外へ出る旅』（多和田葉子著）

エクソフォニーとは「母語の外に出る」という意味。その貴重な体験について、多和田葉子はみずからの文学活動で見聞きしたことを織り交ぜながら、縦横無尽に語る。文化越境についてこれまでにもおびただしい書物が刊行されているが、本書ほど共感させられ、教えられた例は珍しい。

一口にエクソフォニーとは言っても、多和田葉子の場合は半端ではない。ただ、外国語で会話をし、日常的な文章を綴《つづ》るのではない。母語でない言葉で小説や戯曲を創作する。文学という、言語芸術の最高峰に登頂するだけでなく、語学の才能を生かして、複数の言語のあいだをワープする。言語空間のひずみはこの作家にとって、言葉を外から眺める絶好の条件となる。

多和田葉子はよく旅をする。母語の外に出るためには、まず空間の移動が不可欠である。日本の外に出てからも、一カ所に止まるのではない。むろん、ハンブルクは生活の拠点であり、言葉を定点観測する基地である。そこを新たな起点として、たえず人種や国家やエスニシティ（民族性）の境界を行き来する。空間移動という行為がどのように言葉とかかわり、言語はいかに旅の意味を規定したかが、異なる言語が行き交う現場を通して描かれている。

母語の外に出てから、何が見えてきたのか。そのことを示すために、複数の視点が用意された。一つは、外国語という外からの目。日本語にはやたらと外来語が多い。そのことは日本でもよく言われている。しかし、ドイツの日本語学習者から見ると、英語から取り入れた言葉は殺風景なほど多い。テレビ、ビデオならともかく、ドア、カーテン、テーブルから、タオル、ボールペンにいたるまで、ごく身近なものまで英語の音が導入されている。せっかく日本語を習ったのにつまらないと彼らが思う。そんなときに、多和田葉子は紋切り型の反応をしない。まずカタカナを使わない文章を書いてみる。すると、漢字を使わないときと同じように、日本語の独特の味わいは出せなくなったことに気付く。日本語が背負ってしまった歴史から逃げるのではなく、詩や小説の創作において、そういう欠点と意識的に取り組むことこそ、文学表現の面白さを出す方法だ、との結論にたどりつく。

もう一つは母語を見る目である。日本語の外に出ると、情緒的な母語愛が正される。「夕涼み」、「満開の桜」、「夏祭りの囃子《はやし》」などの言葉を見ると、感傷的な気分になりやすい。ところが、エクソフォニーの経験はそうした連想を無効にする。多和田葉子の言葉を借りて言うと、さりげなく美しいものは一度は壊れてしまう。むろん、それで母語が醜悪に見えたのではない。むしろ母語を突き放したときに、本当の面白さを発見する。母語のなかに埋没されたときには決して思い浮かばない言葉にはっと気付いた瞬間、そうした発見は独創的な文学表現として結実する。多和田葉子の作品に独特の情趣があるのはそのためであろう。

この作家にとって、エクソフォニーの対象は母語に止まらない。ドイツ語の外に出ることもまた言語実験の一つである。日本語の場合と同じように、第二の母語の基盤となる言語の内的な規制力が壊れ、変形したとき、新しい自分が生まれ、二度目の再生を体験する。本書の第二部はドイツ語学習者向けに書かれたエッセーだが、「空間」、「引く」、「からだ」などの意味のドイツ語単語に詩的想像力という触媒を加えると、ドイツ語のなかでは見えてこない言葉の核分裂がたちまち起きてしまう。

エクソフォニーは母語を相対化すると同時に、母語だけでなく言葉そのものの外に出るきっかけをも作る。ヨーロッパ、北米や日本で作品の朗読会を開く作家にとって、個々の言語のみならず、言葉そのものの境界も、一度は越えなければならない壁である。たとえば、音楽の側から言葉を眺めると、目の前にまったく違った風景が繰り広げられる。当たり前のことは当たり前ではなくなり、言葉自体がばらばらに解体される。そこで、意味によって遮断された言葉の可能性が浮かび上がる。文学的表現のフロンティアを切り開く契機も方法もそのなかから生まれてくる。

翻訳について触れたところも面白い。文学の翻訳は意味のみならず、究極的には美しさを伝達するためのものでなければならない。『奥の細道』の「月日は百代の過客にして」の「月日」は、ドイツ語訳では「太陽と月」になっている。誤訳と思われがちだが、よく吟味すると、非常に奥ゆかしい訳し方である。多和田葉子にとって、言葉を解体するヒントはいたるところに横たわっている。たとえ本当の誤訳でも、詩的夢想を誘う。いまも母語の外で旅を続け、意味から解放された言語を求めている小説家は、今後どのような展開を見せてくれるか。本書を読んで、ますます興味がそそられた。

（岩波書店・二一〇〇円）

いまよみがえる在野の日本研究者『書物に魅せられた英国人』（横山學著）

一冊の書物は一人の人生を映し出す。今から四十年ほど前に刊行された『日本の鯨と捕鯨』がそんな書物である。推敲を重ねた内容はもちろん、料紙の選定から挿絵や装幀にいたるまで、編著者の特別な思いが込められている。私家版の学術叢書の一冊として、この本は特別に漉いた和紙に印刷され、二つ折りにした用紙の中央を飾り糸で綴じられている。書名は純金で型押しされ、上質な和紙で覆われた本函に収められている。

編著者の名はフランク・ホーレー。自らが渉猟した鯨の古い文献を校勘《こうかん》し、正確な英語に訳した上、詳しい注記をつけている。イギリス出身のフランク・ホーレーはなぜ日本文化に興味を持ったのか。本書はその伝記的な事実を追いながら、日本文化の研究に生涯を捧げた一人の西洋人の一生を詳細に再現した。

フランク・ホーレーがノートンという小さな町で生まれたのは、ラフカディオ・ハーン没後二年の一九〇六（明治三十九）年であった。リバプール大学でフランス語を専攻したが、留学先のパリで敦煌資料の発見者として知られるポール・ペリオに出会った。この出会いはホーレーの人生を大きく変えた。ペリオの下で中央アジアの言葉を学んだホーレーは東洋学に興味を持つようになり、ほどなくして東京外語学校に英語教師として迎えられた。一九三一年、はじめて日本の土を踏んだ彼はそのまま日本に留まり、ついに第二の故郷で生涯を閉じた。戦時中に強制送還された四年を除いて、人生の大半を日本で過ごした。

ホーレーは希《まれ》にみる語学の天才で、多くのヨーロッパ語を操ることができる。日本語は来日してから独学で覚えたが、二年後に日本の言葉や文化について論文を発表できるまでになった。英語教師や語学辞書の編集をするかたわら、古文献や稀覯本を次々と購入し、わずか十年で和書漢籍など一万六千冊の「宝玲《ほうれい》文庫」を築き上げた。戦後、ザ・タイムズの特派員として日本に戻り、日本研究を続ける一方、古書店をまわり、取り戻した蔵書をいっそう充実させた。

フランク・ホーレーの「発見」は偶然であった。著者の専門は日本と琉球の文化交流史。ハワイ大学で琉球資料を調べたとき、たまたまホーレーが収蔵した「宝玲文庫」を目にした。ともに書物を愛した二人が、書物を介して時空を超えて結ばれた。

ホーレーの主な業績は珍しい古文献を見つけ、校訂した後に出版することである。外国人による日本論が注目される反面、文献の収集と解読の重要性は見落とされがちだ。しかし、文献研究は日本文化の細部を明らかにする上で、欠かせない基礎的な作業である。そのことに着目して、著者はフランク・ホーレー研究に取り組んだ。みずからも文献の収集をフィールドワークとしているからこそ、ホーレーの仕事に共鳴し、高く評価したのであろう。

ホーレーは生前、メディアで報道されたこともあるが、日本研究者としてはほとんど無名に近い。無名の人の伝記的な事実を調べるとき、資料の少なさという問題はつねに付きまとう。フランク・ホーレーの一生と、その業績を公平に評価するために、著者は長年、地道な調査を行なった。度重なる現地調査、関係者からの聞き書き、手紙など遺留品の点検、蔵書内容の吟味などを、二十年以上にわたって辛抱強く続けてきた。一見、何気なく引用した新聞記事でも、膨大な資料を読んで、はじめて見付けたものであろう。そうした目立たない努力の積み重ねによって、現代史に埋没しそうになった一人の日本研究者はよみがえってきた。

（吉川弘文館・一七八五円）

流れ星のような詩人の苛烈な生涯　『伊良子清白』月光抄・日光抄（平出隆著）

ある詩人の足跡をたどるのに、平出隆は二十年もの歳月を費やした。それも名声が世間にとどろいた大家ではない。伊良子清白《いらこせいはく》という、歴史にほとんど忘れ去られた詩人だ。近代詩によほどの知識と興味を持たなければ、おそらくその名前を聞いたこともないであろう。

文学史風に言えば、伊良子清白はいわゆる「文庫派」の一人。明治生まれの文学青年の例に漏れず、中学時代から同人誌を出し、詩作に励んでいた。京都の医学予備校に進学してから、『少年園』『少年文庫』に投稿し、『少年文庫』が『文庫』に改名してからは、河井酔茗、横瀬夜雨らとともにこの雑誌を拠点に創作活動を展開した。

明治の詩人たちは詩を書くだけでなく、近代詩の創出という使命も背負わされていた。彼らは詩心があっても、表現する言葉はまだ定まっていなかった。詩を書くことは雲に梯子《はしご》をかけるようなものだ、と平出隆がいうが、伊良子清白の時代には、梯子作りから始めなければならなかった。

近代詩にふさわしい韻律を模索し、五七のリズムに叙事性を持ち込むために、伊良子清白は獅子奮迅の努力をした。だが、その詩歌創作は長続きはしなかった。明治三十九年五月に東京を出てからは、詩作がぴたりと止まってしまった。生涯たった一冊の詩集『孔雀船』が刊行される直前である。

医師としての伊良子清白はさすらいの人生をたどった。島根県浜田を皮切りに、大分、台北、京都の各地を転々としていたが、最後に三重県鳥羽市小浜の小さな漁村の医者となる。台湾の十年、小浜の二十三年を除けば、いずれも短い勤務であった。首都圏を離れてからは、二度と詩を書いたことはない。

なぜ、伊良子清白が突如として詩をやめたのか。平出隆が「無名」の詩人に興味を持ち始めたのは、この疑問がきっかけである。その問いかけは自分自身の問題意識とも重なっている。平出隆も何度か詩を廃したいとの思いに駆られたからだ。ただ、それは詩からの逃走ではなく、詩人たちの場所から離れたいという衝動である。伊良子清白が残した日記や書簡などを丹念に読み解いていくうちに、詩壇の力学的な変化に過敏に反応した清白の姿が浮かび上がってきた。詩歌創作の経験は文学の表舞台から姿を消した詩人の内心世界を探るのにみごとに役立った。

伊良子清白の一生は明治三十九年を境に、くっきりと二つの楽章に分けられる。詩人としての前半生と、医師として生きた後半生。両者のあいだに大きな断絶がある。それに呼応して、本書は上巻「月光抄」と下巻「日光抄」の二冊に分けられている。伊良子清白の作品では、月光が純潔と死をイメージしているとすれば、日光は流離と生のイメージと重なる。「月光抄」では流れ星のような詩人の軌跡を現出させたのに対し、「日光抄」では医術に生きる清白の漂泊と瑣末な日常に焦点が当てられた。

書き方もそれぞれに違う。上巻では時代のうねり、文学界の動き、同人たちの批評など、他者の目から見た風景が中心になっている。それに対し、下巻は徹底した伊良子清白の独白である。この技術的処理はおそらく二十五年分の日記という存在と無関係ではないだろう。膨大な日々の記録をつぶさに解読した著者にとって、孤独な独り言ほど迫力のある声はない。詩を廃してからの心の迷走を追うには、周囲からの証言よりも、本人が残した言葉のほうがはるかに心に迫る。

戦前の医者は今日ほど経済的に恵まれていなかった。ましてや辺鄙な田舎の村医となると、生活がなおさら苦しい。それに清白は家族の病気や不和にも悩まされ、凄惨な日々を送っていた。四十三歳のときに妻がお産で命を落とし、四人の子供を残した。すぐに再婚したが、前妻の子と継母のあいだに壮絶な闘いが絶えなかった。もともと気性の激しい清白は、八方ふさがりのなかで荒れに荒れた。親のすさんだ心は子供たちの精神をも歪《ひず》ませた。台湾では里子に出され、日本に戻ってからは祖父母に預けられた次女は明らかに心的外傷を深く負っている。二十一歳の若さで服毒自殺した娘がだんだん壊れていく様子を目の当たりにした父親の姿が、平出隆の淡々とした筆致によって生々しく再現された。

評伝として本書の構成は一風変わっている。創作活動を中心に記述するならば、本来、詩を廃絶した後については余談風に扱えば十分なはずだ。また、上巻では意識的に批評を介在させたが、下巻では著者が一歩退いて、論評よりも事実の量を際立たせた。そのことを自覚したのか、著者自身もこの書き物は「『評論』とも『評伝』とも、むろん『小説』とも呼びにくいだろう」と述べている。しかし、計算された不統一は、苛烈な一生を遂げた伊良子清白の人間像を浮上させるには有効である。流麗な文章とも相まって、伝記文学に新鮮な感動をもたらした。

（新潮社・五八八〇円）

Ⅶ　二〇〇四年

1・5　インドのバジパイ首相とパキスタンのムシャラフ大統領が 2 年半ぶりに会談.

3・15　ロシア大統領選でプーチン氏が圧勝.

3・20　台湾総統選で陳水扁氏が前日の 19 日に銃撃され，僅差で当選．銃撃疑惑をめぐって，野党が提訴.

5・22　小泉首相は日帰りで平壌を訪問．拉致被害者家族 5 人が帰国.

5・19　インド総選挙で国民会議派は下院第一党となり，マンモハン・シン元財務相が首相に就任.

5・25　フィリピン大統領選で，現職のグロリア・アロヨ大統領が再選.

8・13　アテネ五輪が開幕

9・19　江沢民が中国共産党中央軍事委員会主席を辞任し，全権を胡錦濤に移譲.

9・20　インドネシアで初の大統領直接選挙が行われ，国軍出身のユドヨノ前調整相が次期大統領に当選.

10・24　カンボジアのシアヌーク国王が退位を表明し，シハモニ殿下を新国王に.

11・3　ブッシュ米大統領が再選.

11・11　アラファト PLO 議長が死去.

12・26　インドネシア・スマトラ島沖で M9 の地震が発生し，大津波がスリランカ，インド，タイなどインド洋沿岸の各国を襲った.

前年の冷夏から一転して猛暑の年となった。東京も大阪も真夏日の年間日数は史上最多を記録した。自然災害も多く発生した。七月十三日に新潟で集中豪雨が被害をもたらし、十月二十三日に新潟中越地震が起きた。

大型の台風は頻繁に上陸した。九月七日、台風18号で死者と行方不明者があわせて四十五人にのぼり、九月二十九日の台風21号でも同二十八人の被害者が出た。十月九日、台風22号が首都圏を直撃し、十月二十日の台風23号で、死者・行方不明者が九十三人に達した。

四月七日にイラクで日本人人質事件が起き、世間では自己責任論が強まった。政界では政治家の年金未納問題で大揺れし、与野党ともその影響を受けた。

NHKのBSで放送された韓国のテレビドラマ『冬のソナタ』が好評のため、二〇〇四年四月に地上波で再放送された。主人公ペ・ヨンジュン人気で、「ヨン様」が流行語になった。主婦層には韓流ブームが起こり、韓国まで出かける中年女性の追っかけも現れた。テレビドラマ原作の翻訳や、写真集など関連書が百点以上も出版された。

今年の話題として、アテネオリンピックでの日本人メダルラッシュも挙げられるであろう。アニマル浜口の「気合いだ〜」と小川直也の「ハッスル！ハッスル！」も子供たちに大人気だ。

第百三十回芥川賞は十九歳の綿矢りさ「蹴りたい背中」と、二十歳の金原ひとみ「蛇にピアス」に決定し、最年少受賞で世間の注目を浴びた。中野独人『電車男』のヒットは内容よりも、インターネットが普及した時代の新しい動きを示したのかもしれない。

路地裏に見えた新鮮な中国像　『胡同《フートン》の記憶――北京夢華録』（加藤千洋著）

「胡同《フートン》」とは横町のこと。もともとモンゴル語から来た言葉で、「井戸」という意味だと言われている。北京といえば、まず思い出されるのはこの「胡同」か「天安門」であろう。後者が権力の象徴ならば、前者には市民の日常が凝縮されている。マスコミの関係者なら、本来権力の中心を注視するはずだが、おもしろいことに、北京特派員だった著者は「天安門」よりも「胡同」に強い興味があった。「街を縦横に走る毛細血管」とは、なるほど巧い喩《たと》えだ。著者の計算によると、北京の胡同の数はじつに八千本にものぼるという。最近、都市開発にともない、取り壊しが急ピッチに進んでいるが、つい三、四年まえに明清時代の古い様式の住宅はまだ多く残っていた。四方八方に張り巡らされている毛細血管には、町の歴史という名の血液が流れており、市民たちの日々の生活が脈動している。

一口に「胡同」とはいっても、表通りと裏通りに流れる時間が違う。胡同の奥には主婦たちがドア越しに雑談し、昼下がりには老人たちが籐椅子で日向ぼっこをしている。裏通りには、今日も以前と変わらない生活が営まれている。特派員として瑣末な日常に目を凝らすのは、決して無駄なことではない。むしろメディアの欲望によって生じたアングルの誤差を修正する意味がある。

日本における中国像は両極端にぶれやすい。脅威が強調されているかと思うと、崩壊論や分裂論が流行する。こと中国の問題になると、冷静さや客観性は失われやすい。その原因の一つとして、ジャーナリズムのあり方を挙げることができる。

マスコミは構造的に話題性に依存している。だから、つねに特ダネニュースを狙わなければならない。しかし、大事件をスクープしたからといって、必ずしも全体の真実を伝えたとは限らない。ときには一面的になることもありうる。報道現場にいる者にとっては仕方がないかもしれない。しかし、自分が伝えたことや、報道の仕方がはたしてこれでいいかどうかについてはたえず自問する必要がある。

報道の限界をつねに自覚しているという点では、著者の姿勢は良心的といえよう。特派員として、スクープ記事に飽きたらず、日常の空間にも目を向けている。市場の雑踏に入り込み、迷路のような胡同をぶらぶらする。北京の下町の姿を伝えることは、結果としてニュース報道の不足を補うことになる。

無名の人たちにスポットをあてたのもそのためであろう。八〇年代から胡同の写真を撮り続けてきたカメラマン、良書のみを扱う書店の経営者、若い人たちが憧れる職を捨てたNGO活動家、ユニークな喫茶店の店長、人気料理屋のオーナー。彼らは取り立てて世間を驚かしたような偉業を成し遂げたわけではない。しかし、その生き方からふつうの民衆の関心事や、喜怒哀楽を垣間見ることができる。

かりにマスコミには価値中立的な立場が求められているならば、その中立性は結果としてつねに相対的なものでしかありえない。事件性が重んじられ、速報性が最優先されている以上、現場に与えられた自由度はおのずと制限される。時事報道は意外性の演出という誘惑に負けやすい。しかし、読者たちの関心はもっと別のところにあるかもしれない。本書の一部が新聞に掲載されたとき、反響を呼んだのもそのためであろう。飾らない文章で、生身の人間とその暮らしぶりを淡々と描いたところは、かえって新鮮さや魅力を感じさせる。

（平凡社・一五七五円）

理想的な為政者像を問う　『香乱記』上・中・下（宮城谷昌光著）

春秋時代を生きた傑人たちの活躍を想像力の空間に見事に再現させた宮城谷昌光は、この長編小説で秦末の乱世を物語の舞台にした。秦漢の王朝交代といえば、まず劉邦と項羽が思い出されるが、この作品では田横という、ほとんど知られていなかった豪傑に焦点が当てられた。ただの武勇伝と違って、田横の事跡は生き方の一つの美学を示しており、現代人の生とも響き合うものがある。

中国歴史において、秦の統一ほど重要な出来事はなかった。ただ、それは劉邦が天下を取ったから、歴史的意義のあるものとなった。というのは、秦は統一の体制を固めることができず、わずか十二年で滅びてしまったからだ。彊域《きょういき》のみならず、貨幣や度量衡の統一、文字の改革といった成果の定着は、漢王朝の成立を待たなければならない。もし、四百年以上もつづいた漢王朝がなかったら、あの広大な領土のなかで、秦の始皇帝が強引に行った文化統合はとうてい根付かなかったであろう。長い歴史のなかで、秦末の群雄たちの血みどろな戦いがしばしば言及されたのはそのためである。

しかし、これまで人々の関心はおもに劉邦と項羽の二人に集中していた。しかも、ほとんどは勝者か敗者の視点からしか見ていない。司馬遼太郎の『項羽と劉邦』もいくさの勝ち負けにとらわれすぎた感がある。

宮城谷昌光は勝者でも、敗者でもない視点からこの歴史的な過程を捉え直した。派手な天下争いのなかで、本来田横は無名に近い、『史記』には田横の従兄である田儋の列伝があるが、田横の名はその後半にしか出てこない。だが、宮城谷昌光は司馬遷が田儋よりも田横のほうを評価していることを鋭く見抜いた。田横は肝心なときに重大ないくさを仕掛け、天下の大勢を変えた。田横の出撃は結果として劉邦に勝利をもたらした。

そのいくさについて、司馬遷は「(田) 横は斉の散兵を収め、数万人を得る。城陽に於いて項羽に反撃す。而して漢王は諸侯を率いて楚を敗る」としか記述していない。惨敗した軍隊を率いた田横はどう項羽に戦いを挑み、かついくさに勝ったのか、詳細は何も記されていない。

この作品によって歴史記述の空白は物語の領分においてみごとに埋められた、的確な判断力と天成の軍事才能はもちろん、地縁や仁政や人徳も田横の強みであった。宮城谷昌光が描いた若き田横像も理にかなったものだ。春秋時代の諸国の歴史、地理的位置、風土、人々の気質も秦末の戦乱史に濃密な陰影を落とした。

田横という人物像には作家の歴史批評の精神が映し出されている。よい政治とは国家の版図をむやみに拡大することではない。ましてや夥《おびただ》しい民が戦死しても顧みない劉邦や項羽は優れた為政者とは言い難い。性格も政治手法も相反するが、どちらも冷酷で暗愚な支配者だ。それに対して、可能な限り戦争を避け、治下の臣民たちが平和に、裕福に暮らせるよう、最大の努力をした田横こそ後世が範を仰ぐべき理想的な政治家である。勝者のみ称賛されがちな世の中で、一つの卓見を示したと言えよう。

歴史を凝視するとき、生半可な「史観」より、善悪を見抜く眼力と正義感のほうがはるかに大切である。宮城谷昌光の小説が気高い正気を感じさせるのは、その正義感が普遍的な価値に裏付けられ、かつ人情味にあふれているからだ。

（毎日新聞社・各一六八〇円）

アジア大衆文化の対流を追う　『越える文化、交錯する境界』（岩渕功一編）

グローバリゼーションという言葉は一時流行っていたが、最近、むしろ嫌悪感とともに語られることが多くなった。とりわけ文化のグローバル化はしばしば地球文化の均質化と同一視されがちだ。ここ十数年来の文化的転回をはたしてアメリカによる文化支配として単純化してよいのか。本書は東アジア・東南アジアにおけるメディア文化の交錯を通して、興味深い視座を提示した。

「トランス・アジア」とは、むろんアジア内部における文化の対流をイメージしたものである。同時にアジアで起きたメディアの交差が互いに参照関係にあることも示唆している。

一九八〇年代から九〇年代の半ば頃まで、日本のテレビドラマは中国で大ヒットした。その後、韓国のポップカルチャーがもてはやされるようになった。二〇〇二年に中国で放送された韓国のテレビドラマの作品数は日本の三倍弱に達し、放送回数にいたっては日本の五倍を上回ったという。

中国における韓国のテレビドラマの消費に対する分析は、中国における「日本偶像劇」ブームを理解するヒントにもなる。すなわち、今日の文化越境において垂直的な文化関係は存在しておらず、また文化の交差は必ずしも異質性の吸収を意味しなくなった。地球規模の文化複合化が進むなかで、外国から来たものを異文化と感じることは以前より少なくなった。とりわけテレビ、マンガ、アニメやファッション、化粧などについて、自他を区別する意識は稀薄になっている。そのことは日本における『冬のソナタ』の人気、パリモードの流行を見れば明らかだ。そもそも韓国のメディア文化はJ－POPと複雑な関係にあり、J－POPにもアメリカの大衆文化の影を認めることができる。アニメ、マンガ、音楽も含めて、現代文化の最大の特徴はそのハイブリッド性にある。

ポピュラーカルチャーの対流と共有は本来、文化境界の流動化を示す指標だ。皮肉なことに、国名を冠した最終パッケージは逆にナショナリズムの発情を誘発する。韓国では海外でのテレビドラマのヒットが民族文化の勝利と見なされており、政府はドラマやマンガの制作を文化政策の一環として推し進めようとしている。そのようなちぐはぐさも文化のグローバル化の表徴と言えるかもしれない。

アニメ『フランダースの犬』は、複数の国境を横断する文化消費はつねにローカル化の過程として経験される事例として示唆に富む。原作はイギリスの女性作家が一八七二年に書いたもので、ベルギー北部のアントワープを舞台としている。日本で制作されたアニメは長いあいだ高い人気を博し、昨年アントワープ聖母大聖堂前に日本人観光客のための記念碑が立てられるまでにいたった。

二〇〇〇年、同名の映画が韓国で制作された。監督のポン・ジュノは少年のころ見たアニメのイメージを逆転させ、現代韓国を題材とした映画を作った。その過程を丁寧にたどった論考は、グローバルな情念消費にともなう文化の土着化を見事に浮び上がらせた。

文化越境のもう一つの側面も見落とされていない。タイにおける日本のポピュラーミュージックの流布に見て取れるように、異なる文化のあいだに、目に見えない序列意識はいまだにれっきとしてある。沖縄の文化表象に同じ構造が隠されているとの指摘は、同じ意味で十分肯《うなず》ける。在日コリアや在日ベトナム系住民たちの音楽活動を取り上げた論考は、日本社会のなかにおける文化の重層化を捉えていておもしろい。今日の文化の対流について、編者による理論的な意味づけも全体の動きを理解する上で一助となる。

（山川出版社・一八九〇円）

歩行者の視線で迫った銀座の変容　『繁華街の近代――都市・東京の消費空間』（初田亨著）

街歩きはちょっとしたブームになっている。周期的に反復される現象だが、今回も加速化した都市空間の変容が背景にあった。じっさい、都心の多くの地点で空を見上げると、必ずと言っていいほど高層ビルが目に入る。六本木や汐留の再開発、高層マンションの建設ラッシュで、ここ四、五年来、都心の景観が様変わりした。以前、分散していた高層建築が目立って密集するようになった。

ベンヤミンの都市「遊歩」もそうだが、街歩きは場所の過剰と場所の喪失が同時に経験される時代に誘発されやすい。近世以前、生活環境が長期にわたって安定していたことを考えると、街歩きは近代都市の産物と言えるかもしれない。

明治以来、東京の街がどのような過程をたどって変わってきたか。建築史のみならず、文学や文化史の領域でも注目される問題だ。初田亨はかつて『百貨店の誕生』のなかで、デパートの持つ遊覧性をみごとに読み解いたが、本書は銀座などの商業地域に対象を広げ、歩行者の視線から繁華街の移り変わりやその背景を探った。銀座が繁華街になり、東京の象徴となったのはまったくの偶然である。それまで日本橋辺りが商業の中心であったが、明治五年二月に火災が発生し、銀座から京橋、築地にいたるまでの一帯が灰燼に帰した。防火機能を備えた都市をつくるために、明治政府は東京の建築をすべて煉瓦造りにする計画を立てた。最初の都市計画として実施されたのが、銀座煉瓦街の建設である。しかし、煉瓦街が完成してからも、人や物は依然として日本橋に集まり、銀座の町は閑散としていた。それを見て、政府は計画を中止した。

ところが、新橋駅の開業にともない、人の流れが変わりはじめた。銀座の店は舶来品など新しい商品を扱い、しかも座売りのかわりに陳列販売を取り入れた。そうした理由によって、銀座はしだいに賑わいを見せるようになり、やがて、日本橋に取って代わって、東京を代表する繁華街になった。ただ、町並みの洋風化は一気に進んだのではない。銀座煉瓦街ができてからも、火災防止のために、全国的に土蔵造りの建物は盛んに建設されていた。

街歩きは意外なところに起源する。明治後期には銀座をはじめ東京の中心部に数多くの「勧工場《かんこうば》」が設立された。内国勧業博覧会で売れ残った商品を販売する物品陳列所であったが、民間の手に移ってからは、各種の店が出店する集合型小売施設になった。独特の建築デザインや陳列販売などで人気を呼び、市民たちが商品を見て歩くのに楽しみを見いだした。明治の終わり頃になると、ショーウィンドウをもつ洋風な店舗が多く出現し、ガラス越しに商品を見ながら街を歩く「街衢《がいく》鑑賞」が流行した。街歩きが娯楽となったのである。大正年代の「銀ブラ」もその流れを受け継いだものだ。

町並みの景観や建築様式の変遷を通して、近代人の意識の変化を示唆したのが興味深い。平均化した「個人」の誕生は、商業の近代化とも深いかかわりがある。座売りから陳列販売への変化はその一例だ。濃密な人間関係が求められる座売りは、生活空間の共有ないし近接を前提にしている。そこは商品のやり取りをするだけでなく、身分や序列関係を確認する場でもある。ところが、陳列販売は店主と客の関係を共同体的な人間関係から解放し、商品経済のなかで互いをただの記号にした。顧客の匿名性は消費行動を自由にし、個人の意志にもとづく選択の幅を大きくした。

繁華街はそのような匿名性をいっそう強化した。銀座は近代的な商店のほか、レストラン、バー、喫茶店などの飲食業や、劇場、映画館やダンスホールなどの娯楽施設をそろえている。そのなかにさえ入れれば、身分や地位にかかわりなく、平等に楽しむことができる。近代における個人意識の変化は娯楽空間とも意外な関係があった。

不思議なことに、盛り場でありながら銀座には性風俗の関連施設がない。そのことは習俗の西洋化をリードしている歴史と関係している。銀座での消費は必ずしも生活の必要や、物質的な欲望を満たすためではない。むしろ、西洋憧憬や顕示欲の充足に重きがおかれている。そのため、上品さが維持されなければならない。銀座は通常の商業地域と違って、欧米的な雰囲気を体験する異空間なのだ。

その特徴は喫茶店の建築様式にも現れている。本書によると、喫茶店の外観は南欧風か北欧風あるいはモダニズム風にデザインされており、室内装飾もインテリアも欧米を思わせる設計だという。デパートと同じように、喫茶店は飲食施設である前に、まず、夢を誘う空間であった。

建築物をただの「入れ物」として見るのではなく、作る人や利用する人の意識、時代の雰囲気も的確に捉えられている。建築史の視点から解き明かした都市空間の変容は隣接する学問にもさまざまな刺激とヒントを与えるであろう。

（東京大学出版会・三三六〇円）

準家族的な職業が姿を消した訳　『〈女中〉イメージの家庭文化史』（清水美知子著）

明治大正時代の小説には女中がよく登場してくる。現実生活のなかでも、つい三、四十年前までお手伝いさんはまだ身近にいた。ところが、いつの間にか、女中は日常からすっかり姿を消した。一握りの富裕層の家庭をのぞけば、もはや目にすることはできない。労働の断片化が進んだ今日、家事代行の現場も様変わりした。かつて家事という言葉でくくられた労働は、窓拭き、キッチン清掃、換気扇の掃除といったように細分化され、各項目ごとにそれぞれ対価がつけられるようになった。

近代化の過程で消えた職業は多い。なかでも女中はその準家族という立場ゆえに、特異な存在といえる。家父長制から近代家族への移行は、家庭内部の人間関係に一連の変化をもたらした。女中は変化の現場を至近距離から眺めていただけでなく、彼女らの生態も時代の移り変わりを読み取る手掛かりとなる。奥野健男はかつて『ねえやが消えて』のなかで、文学における女中表象を批評したが、一般の女中については触れていない。本書は文化史の角度からその空白を埋めた。

近代家族が形成される過程のなかで、なぜ女中は消えたのか。本書は女中という名称の変遷や主婦との関係およびその社会的イメージの変容を通して、この問題を解き明かした。

明治という転換期に起きた変化を説明するのに、まず江戸時代との連続性が指摘された。近代以前、女中はたんに家事を手伝う働き手にとどまらず、身分制度という象徴体系のなかに組み込まれていた。ただ、同じ女中でも、江戸時代のお屋敷奉公は一風変わった風習である。富裕な商家や農家にとって、娘を武士屋敷に出すのは金を稼ぐためではない。行儀作法を学ぶのが目的であった。奉公の経歴を持つ女性には良い縁談が持ち込まれることが多い。そのため、同じ女中奉公でも、給金をもらうどころか、親がお金を持ち出す場合もあった。その風習は少なくとも明治の半ば頃まで続いており、地域によっては昭和期になってもなおその残余が見られた。

明治末から大正時代にかけて都市部を中心に新中間層が増大し、子育ての重い負担に堪えかねた中流家庭の主婦たちも女中を雇うようになった。おりしも若い女性が産業現場に大量に流れた時期だ。女中が不足するなかで、かつての主従関係や、それに付随する温情主義の影が徐々に薄れた。主人と女中のあいだの準家族的な関係もしだいに契約にもとづく雇用関係に取って代わられるようになった。戦後になると、その変化はいっそう加速化した。社員として派遣されたホームヘルパーになると、もはや女中という職業に付きまとう暗い影はない。戦後の女中については、これまでまとまった研究はほとんどない。本書によって、この職業が歴史の舞台から消えた最後の瞬間を捉えることができた。

女中に関する史料は瑣末な上、膨大なマスメディアの情報のなかに埋もれている。その一つ一つをたどるのに、辛抱強い基礎調査が必要だ。じっさい、本書で引用された資料は明治以来の新聞や女性誌にとどまらず、浩瀚《こうかん》な週刊誌も含まれている。詳細な調査を通して見えてきた事実の細部は私たちが想像したよりはるかに人間味にあふれていておもしろい。近代から現代への歴史の流れを振り返るとき、公共性の基層に横たわる私的空間のあり方を確認し、その文化史の経験に目を向けるのはいい試みだ。歴史の叙述は権力の物語に独占されるべきではない。個人の生活文化を前景化することによって、はじめて近代史を全方位に把握することができる。

（世界思想社・一八九〇円）

西欧美術の多元的思考を追って　『「装飾」の美術文明史』（鶴岡真弓著）

織物の文様、皿や碗を彩る絵柄、アクセサリーに施された金工。そうしたものを目にしたとき、どんなイメージがわくのだろうか。美しさを感じると同時に、何となく「美術」とはやや異なる印象を受ける人がいるのかもしれない。

そのような意識はこれまでの芸術批評の影響と無関係ではない。実際、美術研究の世界では「装飾」は低く見られている。美術史はもっぱら絵画や彫刻のことを扱っており、装飾の歴史についての書物は少ない。ケルト美術ブームの火付け役として知られ、装飾の魅力を味わいのある文章で紹介してきた著者はその空白を埋めるべく、「装飾の通史」という難題に立ち向かった。その試みは研究分野の処女地を切り開くという学問的な理由というよりも、絵画や彫刻と装飾美術とのあいだの序列関係を転覆するためのものである。

西欧美術の底に流れているのは、自然を征服する人間と、その営みを表象する精神性である。近代ヨーロッパの人たちにしてみれば、非西欧世界の「装飾」にはそのような「人間主義《ヒューマニズム》」はない。世界を三次元的に捉える遠近法が欠落しているため、「装飾」は恐怖や不安を呼び起こす、得体の知れない異教徒の美術とされていた。

だが、ひとたび近代西洋という鳥かごを出て見れば、まったく違った世界が見えてくる。東洋の人たちは自然に敬意を払い、人工性はしばしば自然の一部分と見なされていた。視覚をほかの感覚から切り離し、徹底的に客観化するのが西洋美術であるならば、東洋の芸術家たちは素材、質感、天然の色や明暗を通し、全感覚的に訴えることに情熱をかけてきた。

アラベスクはアラビア風の、蔓草《つるくさ》の文様を指している。それは風土性にもとづく装飾というより、宗教的な思考が凝縮された世界表象である。イスラム教では人間や動物の図像化は創造主である神への冒瀆と考えられている。モスクのような、神と人間を結ぶ聖なる空間にアラベスク文様が敷き詰められているのはそのためである。

アイルランドや北欧文化の古層を掘り下げると、ヨーロッパも歴史的にずっと合理性精神に凝り固まっていたわけではない、ということがわかる。ケルト美術に見られるように、ヨーロッパにも多元的な思考があり、人間の精神を装飾に託した表象はれっきとしたヨーロッパ美術なのだ。

文様が持つ生命力を読み解く作業を通して、絵画と装飾のあいだの序列関係に疑問を突きつけたとするならば、文化間を往来する文様の足跡をたどることは、芸術における西洋中心主義に異議を申し立てることになる。

「装飾」の美術というファインダーを通してみると、世界史の風景はがらりと変わる。そこにはヨーロッパを頂点とした、文化のピラミッドという神話はもはや立脚の余地はない。見えてきたのは、西洋文化は自分自身だけで成り立ち、独自に発展してきたのではない、という事実である。北ヨーロッパの「蛮族」の知恵を吸収し、東アジアやイスラム世界から異質な様式美をどん欲に取り入れたからこそ、西欧の美術があった。その雑種性が「装飾」の変遷を通して、みごとに解き明かされている。地球上のほかの地域と同じように、ヨーロッパの想像力も表象力も決して単一的ではない。文明は他者の排除によってではなく、異質性の受容によって発展する。書名の「文明史」も、そうした文明間の交通と、それによってもたらされた文化の豊饒を意識して用いられた言葉である。装飾の歴史でありながら、優れた比較文化論にもなっている。

（ＮＨＫ出版・二三一〇円）

女の一生、近代台湾に映す『自伝の小説』（李昂著）

彼女の名は謝雪紅《シエシュエホン》という。この小説の主人公であり、台湾の近代史に実在した女性でもある。

一九〇一年に台湾に生まれた彼女は、両親が亡くなった直後、十二歳のときに身売りした。残忍な虐待に堪えきれず、十七歳で逃げ出し、既婚者の妾になる。その後、数々の男性経験をしたが、正式に結婚したことは一度もない。上海に渡ったのをきっかけに、政治運動に接近し、ソ連留学、台湾共産党の樹立、二・二八事件などを経験した。「台湾民主同盟」主席として、新中国の要職についたが、反右派闘争で失脚し、文革中に迫害を受ける。一九七〇年、北京で六十九歳の生涯を閉じた。その女性の一生が、史実と想像を織り交ぜながら描かれている。

作品の底に流れているのは、「女」とは何か、という問いかけである。必死に働く少女。「家」のために犠牲を強いられる娘。過酷な労働に耐える女。共産党という組織のなかでも、台湾自治運動のなかでも、女は「位置の力学」を心得、男より一歩後ろへ下がらなければならない。

なぜ女はそんな憂き目にあわなければならないのか。なぜ、男女関係においてさえ肉体が侵犯される形でなければ性行為が完遂できないのか。この悲愴な問いかけは、男性支配の社会に突きつけた

「詰問」であると同時に、苦悩する「わたし」の「自問」であり、すべての女に代わって発した、屈原的な「天問」でもある。

興味深いことに、「女」としての謝雪紅の一生は、「台湾」の近代史と二重写しになっている。副次的な登場人物に語らせた狐の寓話はいかにも象徴的である。

狐は千年の修練をした後、人間になろうとする。しかし、本当の人間になるには、男の承認が必要である。美人の姿に化けた狐は道端に立ち、通り過ぎる男に聞く。「わたしは人間に見えるのでしょうか」と。もし、男が「いいえ」といえば、さらに千年修練しなければならない。

狐の寓話は自立する女性のアレゴリーとして語られているとするならば、狐の切ない問いかけに台湾の運命が重ねられているのかもしれない。

（藤井省三訳、国書刊行会・二九四〇円）

歴史性と娯楽性を織りまぜた構成力『蒼穹の昴』全四冊（浅田次郎著）

北京から遠く離れた辺鄙な田舎から突然、物語が始まる。

直隷《ズーリー》省静海《チンハイ》県梁家屯《リアンジアチュン》の梁文秀《リアンウエンシウ》という青年は、競争率百倍の「郷試」を突破し、弱冠二十歳でめでたく「挙人」の栄誉を手にした。その勢いで、都にのぼり科挙の本試験に臨む。

同じ村には李春雲《リイチユンユン》という貧しい農民の子がいる。亡くなった兄は梁文秀と幼なじみであった。少年の境遇に同情した梁文秀は、彼を上京するときの付添人に指名した。梁は本試験でも驚くほどの力を発揮し、やがて上級官僚として登用される。しかし、彼を待っていたのは思いもよらぬ運命である。

村の占い師の予言によると、李春雲もいずれ出世して紫禁城《ツチンチヨン》に入り、西太后《シータイホウ》の財宝を独り占めにするという。しかし、字も読めない李春雲は権力の中心に近づくのに、たった一つの方法しかない。無一文の少年はそこで一大決心する。運にも助けられ、李春雲は次々と難関を突破して、ついに権力中枢に入り込むことができた。

梁文秀が科挙という制度を利用し、権力の外から内への王道を歩んでいたとすれば、李春雲は下から上への、危うい脇道をたどったといえる。しかし、異なる出世コースは同じ場所に到達する。そこは王権の中心であり、政治舞台の真っ只中である。西太后をはじめ、光緒帝、李鴻章《リイホンチヤン》、康有為《カンヨウウエイ》、袁世凱《ユアンシーカイ》などが次々に登場し、最後の王朝が落日のようにゆっくりと沈んでいく様子が、絢爛たる絵巻のように繰り広げられる。政治的に対立する梁文秀と李春雲の二人も、それぞれの立場で歴史の大事件に巻き込まれていく。

文庫本にして四冊、ページ数は千五百頁に及ぶ。忙しい現代人にとって、目が眩むような分量である。ところが、いざ読んでみると、つい夜更かししてしまうほど引き込まれてしまう。

物語の構成に目を凝らすと、その理由はおのずと明らかになる。まず、作品全体を統御する大きな枠組みがあり、そのなかに七つの章がそれぞれ独立したユニットとして組み込まれている。それぞれのユニットは一つのまとまった物語になっていながら、さらにいくつかの小さい物語に枝分かれしていく。かといって、小さい物語はばらばらになっているのではない。副次的な物語のあいだに何本もの筋が通っている。部分がそれぞれ完結した小さな物語ながら、全体としてもまとまった、大きな物語へと収斂していく。

このような物語構造は意外な効果がある。清末という時代はきわめて捉えにくい。西太后と光緒帝の二重権力構造があり、その背後にそれぞれ皇党と后党がついている。漢人と満人のあいだに感情が対立し、官僚制が極度に硬直化している。経済の行き詰まり、役人の腐敗、列強の侵略、民衆生活の貧困化、およびそれに起因する農民の反乱も社会の安定を脅かしていた。入れ子型の物語はそうした入り込んだ関係をきちんと整理する、いわば抽斗《ひきだし》の役割を果たしている。

同じ歴史小説でも、近代を扱うときには困難が多い。古代を題材にする場合、史料の欠乏という難しさと引き換えに、作家が想像力を発揮する余地も大きい。しかし、近代史は現代と地続きになっている。そのため、作家に残された語りの自由度も制限される。かといって、史実の細部に拘泥すると、歴史書になってしまう。

浅田次郎は実在した歴史人物と、架空の人物の役割分担を通して、この問題を巧みに処理した。歴史の大事件を描くときには実在した人物を前面に据え、社会の動きや歴史の細部においては、架空の人物を活躍させる。かりに前者が小説における歴史性を保証したならば、物語の消費快楽は主に後者によって提供される。

物語に奥行きを持たせるために、カスチリョーネという人物を登場させた。宣教師として清を訪れ、宮廷画家をしながら、長年北京に滞在したカスチリョーネの後半生は不明な点が多い。それだけに史実と虚構をつなげるのに打って付けの役となる。この人物の設定によって、乾隆帝を過去の歴史から清末という時代に引っ張り出すことができた。清末の没落ぶりが全盛期と鮮明な対照になったばかりでなく、世界史における中国の転落の理由も炙《あぶ》り出された。

浅田次郎は史実に依拠しながらも、歴史瑣末主義に陥ったり、先入観にとらわれたりすることをしない。そのことは、西太后の人物像を見ればわかる。これまで西太后といえば、悪女という紋切り型のイメージが定着している。権力に目が眩み、ライバルを排除するためには手段を選ばない。しかし、この小説ではそのような類型化した西太后の姿はない。政治的な感覚が鋭敏で、人の心を見抜く力にも長けている。一方、生活を愛し、人並みの優しさや思いやりを持つ女性になっている。フィクションの世界とはいえ、この小説によって、西太后の人物像がみごとにひっくり返された。

（講談社文庫・各六二〇円）

Ⅷ　二〇〇五年

1・10	アッバス氏がパレスチナ自治政府議長に当選.
1・29	中国民間機が 1949 年以来の台湾乗り入れ.
2・16	地球温暖化防止の京都議定書発効.
3・14	島根県「竹島の日」条例成立. 韓国で抗議デモ.
3・25	愛知万博開幕.
4・ 2	ローマ法王ヨハネ・パウロ 2 世が死去.
4・ 9	中国の北京で反日抗議デモ. 続いて上海などでも発生.
4・22	インドネシアの首都ジャカルタで「アジア・アフリカ首脳会議」が開催.
4・25	JR 福知山線脱線事故.
4・27	竹島をめぐる韓国国会の法案可決. 日本外務省が抗議.
4・29	台湾の国民党主席・連戦が中国を訪問. 60 年ぶりに「国共」のトップ会談.
7・ 7	ロンドン地下鉄とバスで同時爆破テロ.
7・21	中国人民元 2.1%切り上げと通貨バスケット制の導入.
8・31	大型ハリケーンが米南部ルイジアナ, ミシシッピ州を襲い, 被害が拡大.
9・19	6 カ国協議で北朝鮮が核兵器と核計画の廃棄を約束する共同声明を発表.
9・11	衆院選の結果, 自民党が単独で絶対安定多数を上回る得票を獲得.
10・17	耐震強度偽造が発覚.
12・14	マレーシアで第 1 回「東アジアサミット」が開催.

二〇〇五年は日韓国交正常化四十周年であり、二年前に「日韓友情年」と定めた年でもある。主婦層で韓流ブームが続いているが、島根県「竹島の日」条例成立をきっかけに、両国の関係は悪化の一途をたどった。

日本という視点から見れば、四月に中国で起きた「反日」デモは大きな出来事であろう。参加者を見ると、四月九日の北京のデモは数千人、上海のも二万人規模。そのわりには、日本社会に与えた衝撃は驚くほど大きい。

国内外では自然災害が多く起きた。同じ災害でも、起きた国によって注目度は違う。大型ハリケーンがアメリカ南部を襲ったとき、世界中から関心が寄せられたが、十月八日、パキスタンで起きたM7・6の地震で八万七千人以上が死亡したにもかかわらず、誰も気に留めなかった。メディアの報道力とも関係するが、国によって命の値段は違うのは、歴然とした事実だ。

環境省は温暖化防止の対策として、夏の間「ノーネクタイ・ノー上着」で仕事をすることを提唱した。一般公募で「クール・ビズ」という名称が採用され、流行語となった。一方、衆院選の関連で刺客、小泉チルドレンといった言葉がはやった。

アスベスト問題、耐震強度偽造問題、少女を狙った事件など、嫌なことが多かったが、そんななかで、レッサーパンダの風太くんブームと、年末の株価上昇といった明るい話題もあった。

山田真哉『さおだけ屋はなぜ潰れないのか?』がベストセラー一位になり、三浦展『下流社会』も上位に食い込んだ。いずれも、来るべき競争社会に対する不安が背景にあったのであろう。

弊風破った異文化交流の双方向性

『纏足《てんそく》の発見――ある英国女性と清末の中国』（東田雅博著）

近代中国の女性解放に、イギリス人女性アーチバルド・リトル夫人が大きくかかわっていた。彼女は纏足廃止運動の火付け役の一人であったが、活動の詳細はわかっていなかった。一体、リトル夫人はこの弊風をどのように追放しようとしたのか、またイギリスにとって、その活動はどんな意味があったたか。不思議なことにこれまで詳しい考察は行われていなかった。そもそもリトル夫人がどのような人物なのかもほとんど知られていない。著者はその問題に目を付けた。

リトル夫人は一八四五年生まれのイギリス人作家。商人の夫に同伴して、一八八七年五月に初めて中国に足を踏み入れた。中国の女性が纏足に苦しんでいるのを目の当たりにして、彼女らを助けるために立ち上がった。「天足（自然の足）会」を設立し、集会や講演会を開いて、纏足の廃止を訴えた。中国の知識人を仲間に引き入れ、さらに李鴻章など有力者の影響力を利用するのに成功した。彼女が起こした纏足廃止運動はやがて全中国に広まった。

「纏足の発見」とはむろんリトル夫人と纏足の出会いを指す。同時に纏足廃止運動は中国の女性に、この風習の異常性を「発見」させたことも意味している。それまで、纏足は中国社会の常識であり、当然の身体装飾であった。逆に纏足をしないことは、美的にも倫理的にも恥ずべきことだと思われていた。外からのまなざしによって、この常識が転覆され、中国人の纏足を見る目は一八〇度変わった。

ここまでの内容なら、書名からもおおよそ予想できた。史料を渉猟し、地道な調査を通して無名の人物を掘り起こす。これだけでも立派な収穫であろう。

だが、「纏足の発見」にはもう一つの意味が込められている。この悪しき風習の弊害を訴え、反対運動の先陣を切ったリトル夫人は十九世紀の中国を鏡に、イギリスの「纏足」問題を発見した。

リトル夫人が中国に行く前、ヴィクトリア時代の英国社会にはさまざまな旧い因襲がまだ根強く残っていた。なかんずく女性抑圧は大きな社会問題であった。

十九世紀末のイギリスにおいて、女性の権利をめぐる状況は決して今日思うほど「先進的」ではなかった。既婚女性に財産権が認められたのは一八八二年、女性に親権を認めた幼児保護者法の成立は一八八六年であった。ましてや女性の参政権は十九世紀中に実現される見込みはまったくなかった。

リトル夫人にとって、中国に行くことは一種の自己解放であった。中国ではリトル夫人が男性の官僚たちの前で講演していたが、そのようなことは同時代のイギリスでも許されていなかった。英国からきた女性だからこそ、男性と同等に発言できるし、社会活動の自由度も本国にいたときよりはるかに大きかった。

中国の「纏足」はリトル夫人に、外から英国を見ることの大切さを悟らせ、女性問題の本質を気付かせた。彼女は帰国した後、メディアでの言論活動を通じ、積極的に女性参政権運動に参加した。その中国経験は本国の社会改革に役立っただけでなく、さらなる自己解放、自己向上にもつながった。纏足反対運動がそのような波及効果があったとは、本書を読むまでまったく知らなかった。

イザベラ・バードとの比較もオリエンタリズムを超えた東洋理解の可能性を示して面白い。西高東低の文化観が主流を占めるなか、珍しくも異文化交渉の双方向性に着目した論考である。

（大修館書店・一八九〇円）

米国の内側から「日本趣味」に迫る

『ジャポニズム小説の世界――アメリカ編』(羽田美也子)

ジャポニズムについては美術表象との関連で議論されることが多い。だが、欧米の日本趣味は何も美術品に限られたわけではない。ピエール・ロティ『お菊さん』に代表されるように、文学作品も多く書かれていた。しかし、ロティ、ラフカディオ・ハーンなどの数人を除いて、全体像はほとんど知られていない。

著者はそのことに着目し、美術における想像力の往還だけでなく、文学による日本表象もジャポニズム運動の一環として捉えた。アメリカ文学に限定したのは考察範囲を特定するほか、ヨーロッパとの比較にも役立った。

ジャポニズム研究は異文化交渉の側面に片寄りがちだが、本書のおもしろいところは、ジャポニズム小説が流行する起因について、アメリカ文化の角度から検討を行なったことだ。

十九世紀前半のアメリカはヨーロッパよりも識字率が高く、読者の九割を大衆が占めていた。また、「国民」を育てる「母」として、女性にも早くから教育の機会が与えられた。一八三〇年代になると、印刷の機械化によって書物の大量生産が実現し、四〇年代には早くも廉価本革命が起きた。小説が大衆的娯楽として一大市場を形成するなか、女性はたんに読者ではなく、作家になる道も開かれた。小説を書くことは経済的な収益をもたらし、さらに社会的地位の向上にもつながる。おりしも、日本に対する大衆的な関心が高まり、この東洋の国を舞台とする小説を書けば、商業的に成功する可能性が高い。ジャポニズム小説が流行する背景にはそうした非文学的な要因も介在していた。恋愛や結婚などをめぐる情念消費を分析し、「日本趣味」はなぜ商品価値を持つにいたったかが説き明かされた。ジャポニズム研究は過剰なロマンチシズムに陥りやすいが、著者は最後まで冷静に事実の検証に徹した。

文化の「他者」を表象することは、もともと自己イメージの構築と表裏をなす行為だ。日本という他者を文学の鏡像または虚像として作り出すことは、アメリカ文化の自己省察にどのような緊張関係をもたらしたのか。そのことについても興味深いアプローチが行われた。

アメリカではジャポニズム小説に対する評価は決して高くない。もともとそのような分類はなかったし、日本を題材にした作品は概して否定的に見られてきた。日本趣味が原因ではない。その背景にはアメリカ近代の特別な事情があった。

二十世紀初頭、国民文学を創出するために、イギリスとの違いを強調する文学史が編集された。「強いアメリカ」像を打ち出す一方、大衆小説、とりわけ女性作家による作品は不当に低く扱われていた。ジャポニズム小説には女性の流行作家が多数を占め、内容も家庭小説の流れを汲んだものが多い。アメリカ文学の独自性を示すために、そうした作家たちは批評の王国から容赦なく追放されてしまった。六〇年代以降、アメリカでも文学史の読み直しが行なわれたが、本書はこの問題についてアメリカ人も気付かない視点を示した。ジャポニズム小説を新たに類別し、批評することは、比較文学的な意義のみならず、アメリカの近代精神史を考える上でもヒントになるであろう。
『蝶々夫人』の作家ジョン・ルーサー・ロングをはじめ、オノト・ワタンナ、メアリー・フェノロサ、フランセス・リトルなどについては伝記的事実のほか、おもな作品の粗筋が詳細に紹介されていて面白い。翻訳がほとんどなく、原書も入手しにくい現在、資料としても手元に置きたい一冊だ。

（彩流社・三一五〇円）

越境した多様な〈文体〉の変容に迫る

『漢文脈の近代――清末＝明治の文学圏』（齋藤希史著）

東アジアでは二十世紀の初頭にいたるまで、漢字による文語文が広く用いられていた。この広域の公用語について、二つの異なった反応がある。日本文化の一部分であったとする見方と、外来のものとして無視しようとする受け止め方だ。漢詩文についても同じである。立場が真っ向から対立しているように見えるが、国民国家の言語意識にもとづいている点では変わりはない。

本書はそうした対立から遠く離れて、漢字文化圏という外側の視点からこの問題に切り込んだ。それもテクストの内容ではなく、あくまでも〈文体〉という形式にこだわった。漢文の文化的な帰属性を無効にし、東アジアで共有された文字言語として捉え直した。このような捉え方によって、十九世紀後半から二十世紀にかけて起きた漢文の変容とその意義を正しく把握することができた。これまで文学は無意識のうちに国家観念との親和性において語られてきた。明治中期に形成された言語感覚が過去にさかのぼって適応された結果、近代初期に起きた言語変化の臨界現象を正しく認識することができなかった。十九世紀から二十世紀への変わり目に、漢文の仕組みはどのように変化し、また、近代文学の誕生とどのようなかかわりを持っていたのか。明治初期の政治小説とその中国語訳を中心に据えて見ると、これまで知られていない一面が姿を現してきた。

境界を跨ぐテクストとして、『佳人之奇遇』と『経国美談』が選ばれた。いずれも梁啓超《りょうけいちょう》によって中国語に訳されたものだ。原文と翻訳の両方を対照し、近代の〈漢文〉にはさまざまな意味が込められて用いられていたことが炙り出された。『佳人之奇遇』と『経国美談』の文体を比べると、前者が完全な漢文体であるのに対し、後者は読本の語りを取り入れながら、漢文から独立した訓読体を確立しようとしたものだ。『花柳春話』『浮城物語』や森田思軒の翻訳などを参照軸にして観察すると、漢文の訓読体にはじつに多様な形態があったことがわかった。明治時代の日本に西洋文学を着地させるには、複数の緩衝体が必要だ。それを可能にしたのは、変幻自在の読み下し文である。和語との混ざり方次第で千変万化する漢文は、万能の受け皿となった。漢文の訓読体にそのような機能と効用を見いだしたのは炯眼と言えよう。

おもしろいことに、梁啓超の翻訳にも原文の違いが投射されている。清末の中国には二種類の文体がある。一つは古典的な形式をそのまま用いた文語文で、もう一つは『水滸伝』や『紅楼夢』のような白話文である。梁啓超が『佳人之奇遇』を駢儷《べんれい》文調の美文に訳し、『経国美談』を白話小説の形式に直した。目的に合わせて文体を使い分ける意識は、近代中国にもあった。

漢文の読み下しは言文一致体だ――この大胆なレトリックには驚いた。漢文の学習において、素読が明治以前から行われていた。日常の口語でなくても、素読によって音声言語の性格が獲得できる。もともと漢字から本来の音声的属性を切り離すのは難しいことではない。読み下しによって、漢文は日本語の音声系統のなかに取り入れられ、素読に適した音声言語になった。漢文の音声的中立性は、梁啓超が広東語で漢文を読むことと比較すると、いっそう説得力のあるものになった。

明治初期、漢文読み下し体の文章は「今体文」か「普通文」と呼ばれ、公文書や法律の条文から、新聞や書籍にいたるまで広く用いられていた。訓読体で文章を書くことは、学校教育の現場で学習指導の内容となり、作文の投稿を載せる雑誌も多く登場した。漢文は決して今日思われているように、現実離れした存在ではない。明治二十年代まで、小学生にとっても身近な文章表現の道具であった。

文体という視点から見ると、東アジア漢字文化圏の近代初期にはいくつかの共通点がある。欧米の思想や文芸を受け入れ、あるいは新しい文学を創出するとき、漢文という書面語は惰性で用いられたのではない。用語や修辞上の工夫によって、文体の難易度を調整できるのが漢文の特徴。日本語の場合、仮名文字の混ざり具合によって読み下しの文体を操作できる。中国の文語文も白話文、さらに口語の取り入れ方によって、読者の水準に合わせることができる。そのことが文学の意味作用と関連づけて論じられたのは、初めてであろう。東アジアの近代化の過程における漢文の変容には複雑な要因が絡んでいる。本書によってその全容が解明されたわけではない。漢字文化圏の共通する文字言語を全面的に把握するには、おそらく朝鮮半島やベトナムも視野に入れる必要があるであろう。しかし、本書によって、複数の文化を跨ぐ漢文が、多様な役割を果たしつつ変容してきた様子が、いくぶん不鮮明さを残しながらも、その輪郭が示されている。

（名古屋大学出版会・五七七五円）

思考の類型化を分析した先駆的仕事　『アフリカ「発見」』（藤田みどり著）

安土桃山時代から今日にいたるまで、アフリカとの往来は四百年以上も続いた。しかし、日本におけるアフリカ観の変遷について、長いあいだほとんど関心が払われてこなかった。十年ほど前からようやく関係書が現れたが、日本におけるアフリカ黒人イメージという問題はほとんど手付かずのままである。本書はこの処女地に最初の鍬を入れたのみならず、充実した内容と優れた批評で読者を魅了した。研究書としての水準を落とすことなく、一般読者にわかりやすいような書き方もありがたい。

日本と欧米の華々しい文化交渉の陰に隠れて忘れられがちだが、アフリカとの往来は思ったよりはるかに興味深いものがあった。安土桃山時代の人々は「黒坊」に並々ならぬ好奇心を示しながらも、彼らを差別することなく、人間としてごく普通の付き合いをしていた。それどころか、奴隷として残酷な取り扱いを受けた彼らに同情を寄せ、オランダ人を非難したこともあった。しかし、そうした主体的な視点は、一七〇〇年を境に途絶えてしまった。そして江戸時代中期、地理書の流布にともない、アフリカ事情も紹介されはじめた。内容が洋書に寄りかかっていたため、黒人が陋劣《ろうれつ》な人種として見られるようになった。

日本とアフリカの交渉史は、ほんらい主要なテーマではない。しかし、アフリカ黒人のイメージについて考えるとき、どうしても避けては通れない問題だ。この二つのテーマを絡ませるのに、抜群のセンスのよさが発揮された。しかも、日本アフリカ交渉史のアウトラインを鮮明に浮かび上がらせるのにとどまらず、もう一つの角度から日本の近代史に光を当てることができた。もっとも目を引かれるのは、アフリカ黒人の表象という問題である。日本文化史において、このような多彩な一面があったとは知らなかった。

明治時代に入ると、日本は文明開化の道を突き進んだ。産業や社会の西洋化は必然的に精神の西洋化を招き、それにともない世界を見る目もがらりと変わった。生産力が異文化を評価する尺度とされている以上、アフリカに向けるまなざしはおのずと人種優劣論に結びつくものになる。ただ、明治初期でも必ずしも進歩史観一辺倒ではない。東海散士『佳人之奇遇』に見られるように、アフリカ人と同じ目線の高さで世界を眺め、弱小民族の連帯を唱える人物もいた。しかし、日清・日露戦争あたりが大きな転換点となり、明治中期になると、アフリカは植民地経営の対象としか見られなくなった。

大衆文化とアフリカ黒人イメージとのかかわりは、ダイナミックな近代文化の倒影と言えるかもしれない。夏目漱石、有島武郎、内村鑑三らがアフリカに言及したのも意外だが、明治・大正・昭和期にアフリカを舞台にした冒険・探検小説や秘境小説が数多く創作されたことには驚かされた。

映画を射程に入れるのはいい試みである。二十世紀における異人種イメージの流通について考える場合、映像メディア抜きには語れない。無声映画の時代にさかのぼり、記録映画やターザン映画についての検証は面白い。この一連の作業によって、映像に託されたメッセージが読み解かれ、「暗黒」で「愚昧」なアフリカのイメージが大衆のなかでどのように定着したか手に取るようにわかった。

文化の他者を表象することは、究極的には自己の欲望の表れである。近代化という特異な文化経験とも関係するが、これまで異文化といえば、欧米文化との関係性がまず思い浮かぶであろう。あるいは、同じような文化の権力構造の転用として、下位の「アジア文化」が思い出されるかもしれない。いずれの場合も、いわゆる「文明化」が暗黙のうちに差異を見分ける基準であった。多くの人たちはそのような文化の偏差値で世界を眺めるのにすっかり慣れている。

固定観念で凝りかたまった頭をほぐし、まなざしの硬直化を自覚させることはもとより、異文化を観るときに思考の類型化に陥りやすい理由を構造的に分析したことは深い意義がある。文化の他者についての先入観や偏見がどのように生成されたかについて、アフリカ黒人のイメージという実例を挙げて説明すると、いっそう劇的な効果がある。

先駆的な仕事として、いかに労力がかかったかは、引用された一次資料の多さを見れば一目瞭然である。その範囲は文学、歴史、映画にとどまらず、広く外交や対アフリカ貿易などにも及んでいる。その一つ一つをしらみつぶしに調査するのは根気のいる作業だ。何気なく触れた雑誌の記事や映画の封切日も、辛抱強く調べた結果であろう。実際、著者がこのテーマに取りかかってから、本書が上梓されるまで二十年以上の歳月が流れた。今後、本書を参照せずには、もはや日本とアフリカの文化交渉についても何も語れないであろう。

（岩波書店・三三六〇円）

戦後日本に延びる人造国家の地下茎　『阿片王——満州の夜と霧』（佐野眞一著）

戦後六十周年の節目に相応しい、優れた書物だ。

さきの大戦は何だったのか。この夏もＮＨＫをはじめ、各メディアでの回顧の番組が放送された。どれを見ても、腑に落ちないことが一つある。第二次世界大戦は日本とアメリカの戦いとしてしか語られていない。十年前、終戦五十周年のときも同じであった。

日本はなぜアメリカに負けたのか。第二次世界大戦について語るとき、もっぱらこの一点に集中した。東アジアという視点が抜け落ちているのが問題だ、というのではない。戦争ははたして勝敗の観点だけで捉えきれるのか。そんな疑問があった。

著者はそのような勝敗史観から遠く離れて、過去と相対《あいたい》することにした。理非曲直という問題から逃げないのは、ノンフィクション作家としての倫理というより、職業的な矜持であろう。

すべてはある男のちょっとした冒険から始まった。彼の名は里見甫《はじめ》という。現在、ほとんど忘れられているが、かつて人々は彼のことを「阿片王」と呼んで、恐れていた。

里見甫が旧満州の土地をはじめて踏んだのは、いまから七十数年前のことである。たいした要職についたわけでもなく、政治の表舞台で活躍したわけでもない。あくまでも一人の民間人として中国大陸で生きていた。にもかかわらず、かつて裏で歴史を動かし、日本の進路を変える働きもした。

歴史の濁流に呑み込まれた男の足跡をたどるのは、困難をきわめた。きっかけは一枚の人名リスト。昭和四十年三月、里見甫が新宿の自宅で急逝した。二カ月後、関係者が里見甫の遺児のために、奨学基金の寄付を呼びかけた。百七十六名にのぼる発起人がいたが、そのなかに、岸信介、児玉誉士夫、笹川良一や佐藤栄作らも名を連ねている。この人名リストを手がかりに、著者は気が遠くなるような、過去への調査の旅に出かけた。驚異的な取材力によって、驚くべきことが次々と明るみに出て、半世紀以上も前に起きた出来事の裏面が姿を現した。事実は小説より奇なりとは、まさにこのことを言っているのだ。

アヘンは一見、政治と無関係のようだが、その背後に国家権力と個人の野望と私利私欲が複雑に絡んでいた。詳細な資料調査や関係者のインタビューを通して見えてきたのは、関東軍がアヘンの取引と深くかかわっていた実態である。軍部が戦線不拡大の意見を押しのけ、日中戦争に踏み切らせた心理的な理由の一つに、中国の軍閥たちが独占するアヘンの利権を武力で収奪することがある。著者がいうように、日中戦争は二十世紀の「アヘン戦争」であった。

取材の過程と歴史真相の記述とを絡ませる手法は、過去の出来事に臨場感をもたらした。インタビューを受けた人や、調査に協力した人たちを実名で登場させることは、過去をより正確に再現させただけではない。時間の経過は何を意味し、「いま」とは何かをたえず考えさせるものだ。

歴史はたんに蒼白な「過去」としてではなく、つねに現在と関連させながら、明らかにされている。里見甫の姿を追っていくと、思いがけないことがわかってきた。戦後の政界や通信、広告業界で活躍した人たちの多くは、「満州国」という人造国家を作った面々と同じ人物である。満州や上海人脈の地下茎は戦後日本まで延びているのだ。本書はなぜ圧倒的な迫力と面白さを持っているのか、この辺りを読んでよく納得した。歴史は死に絶えた過去ではない。現在を生み出し、未来へと続く時代の流れの一部分である。読みながら、そんな思いを強くした。

本書の前半は里見甫のことを描いているが、後半になると、里見から離れて、彼と深く関係する二人の女性を追跡した。一見、本題から離れたようだが、そうではない。

梅村淳は里見の右腕として知られていたが、その生涯は里見以上に謎に包まれていた。この「男装の麗人」の追跡調査はまるでサスペンス小説のようだ。戦後、まったく無名の人となった彼女について、これほどの事実を究明できたのは、ほとんど奇跡に近い。

梅村淳を手がかりに、梅村うたという女性の身元も割れた。梅村淳がなぜ梅村うたの養女になったか。旧満州と縁もゆかりもない梅村うたが、なぜ軍部と深いかかわりのある温泉の女将になったか。多少、推論が含まれているとはいえ、著者の解読はきわめて説得力がある。梅村うたが里見甫の秘書であったことを突き止めただけでも、大きな手柄であろう。

二人とも一見、政治と直接的な関係がないようだ。だが、彼女らについての調査を通じて、里見甫が「満州国」作りの工作にかかわっていた事実が浮かんできた。二人の女性はいわば里見甫という、時代の怪物を映し出す鏡なのだ。

数々の貴重な証言を集めた昭和史の本として、長く歴史に名が残るであろう。

(新潮社、一八九〇円)

秀逸なパチンコ論 流行のなかの不変

『イメージ・ファクトリー』（D・リチー著、R・ガーナー写真）

日本文化を批評するのに、取り上げられたのは時代の先端を行く流行である。それもマンガ、ファッション、キャラクター、コスプレ、化粧など、イメージとしてやり取りされたものばかりだ。ただ、イメージの支配は思考の退行として単純化されたわけではない。もともとイメージ文化の発達はほとんどの国に見られることで、独り日本に限ったわけではない。著者が注目したのは、視覚的な感受性が高度な商業化によって共有されることだ。

イメージの過剰な介在により、意味の多重性が失われ、言葉の役割は視覚的象徴に取って代わられた。ファッションや可愛らしい外見の演出などの実例を通して、荒れ狂うイメージの海に漂流する流行文化の一端が、辛辣な皮肉とともに描き出されている。

だからといって、社会風潮から日本文化の本質を読み取ろうとしたのではない。この本はもともと欧米の読者を対象に執筆されたものだ。現代日本の姿を伝える情報として、読者の知的好奇心に応えるのは、批評の手段というよりむしろ批評の前提である。ただ、それは平板な紹介に終わるのではなく、イメージの生産と消費の意味がよく吟味され、文化的過去との連続性についてもきちんと検討が行なわれている。

日本論の系譜のなかに置いてみると、本書のアプローチは示唆に富む。ラフカディオ・ハーン以来、欧米では多くの日本文化論が書かれてきたが、戦後になって大きな転換点を迎えた。日本研究は学問として細分化し、論文として発表されたものが大半を占めるようになった。その内容も高度なものになり、一般読者の目に触れることもほとんどなくなった。

一方、市民的な関心を呼ぶ日本像はおもにジャーナリズム的な情報回路を通して伝えられている。地球がますます小さくなった今日、もはや文化の秘境はない。ましてや日本は有数の経済大国。政治や経済の動きが日々電波に乗って世界中に伝わっている。毎日、数え切れないほどのビジネスマンや観光客が訪れ、長期滞在者もその数が増えている。メディアと専門研究の挟み撃ちを受け、文明批評的な日本論は特権的に語ることができなくなった。

そうした状況を意識したのか、本書は誰も立ち入らない空白の領域に着目した。イメージの問題はメディアの関心の外にあり、一方、専門研究としては特化しにくい。そこで文明批評というスタイルが力を発揮した。本書においては、それはおもに二つの点で現れている。一つは分野横断的な文化スケッチで、もう一つは独特の美意識にもとづく批評である。とりわけ秀逸なのはパチンコ論。このパラノイア的な遊技に注がれた人々の情熱は、ユーモアにあふれる文章で記され、その文化的な意味についての探究は、現代人の精神構造と関連させて解読されている。

独特の批評眼は抽象的な思考に裏打ちされているだけに、経験主義の落とし穴に陥ることはない。

眼まぐるしく変化する流行を考察の対象とするのは、ほんらい大本を見失う危険を孕《はら》んでいる。しかし、著者は刻々と変わる流転の相から意外なことを発見した。流行はその時々の表徴が違っても、移り変わること自体はある種の永遠性を意味している。イメージがたえず拡大再生産される理由もまたそこにある。

文明批評的な日本論はまだその魅力が失われていない。鋭い観察眼と透徹した分析および洗練された文章は、そのことを雄弁に示している。

（松田和也訳、青土社・二五二〇円）

肉体に秘めた非西洋文明の意志

『ブルース・リー——李小龍の栄光と孤独』(四方田犬彦著)

青春時代にブルース・リー(李小龍)のファンだった著者は、一九八〇年代、訪問先のモロッコでその絶大な人気を目の当たりにし、この伝説的な映画スターの驚くべき感化力を身をもって体験した。香港映画の地位を一変させた映像言語を読み解くために、一九四〇年代と五〇年代の子役時代にさかのぼって検討が行なわれた。これまでほとんど論じられていないことだが、ブルース・リーの幼少時の出演体験を通して、香港のメロドラマ的な想像力の回路に迫ることができた。広東語映画は粤劇《えつげき》という地方劇と密接な関係があり、大衆の娯楽的な感性の古層をなす部分であった。功夫《カンフー》映画は何の脈絡もなく突如として現れたのではない。香港という植民地都市における西欧風の近代と伝統文化のせめぎ合いのなかで、生まれるべくして生まれた。

香港で制作された四本の主演作についての批評は、功夫映画論の白眉といえよう。一つ一つの動きがどのように展開し、それまでの功夫映画とどう違うのか。また、それにはどのような意味が付与され、観客はそこから何を読み取ったか、ショットごとに緻密な分析が行われた。

ブルース・リーの映画はただ退屈な反復ではない。一作ごとに違う作品を時系列に並べると、はっきりとメッセージの連鎖が読み取れる。初のヒット作『ドラゴン危機一発』に地理的な意味でのナショナリズムの覚醒があったとすれば、『ドラゴン怒りの鉄拳』になると、歴史的な意味でのナショナリズムへと変わった。さらに『ドラゴンへの道』では、東洋と西欧が対決する構図になっている。明快な映像分析と、ハリウッドが関わった主演作との対比によって、その過程は手に取るようにわかった。アジア的な心象に対する深い洞察力がなければ、到底なしえない技であろう。

香港の映画論やカルチュラル・スタディーズを踏まえた批評は鮮やかだ。著者はブルース・リー神話の解読を試みながらも、あえて解釈の扉を閉じようとしない。

受容美学の視点から見ると、功夫映画の表象は、文化の権力構造に対する挑戦のアレゴリーといえる。ブルース・リーにおいて、それは周縁の中心に対する異議申し立ての寓意であり、押しつけられた秩序に対する空想的、情緒的な復讐の隠喩でもあった。宙を切る強力なハイキックには、文明化という美名のもとで排除され、尊厳を傷つけられた人々の複雑な思いが込められている。

興味深いことに、そのような隠喩構造はあらゆる文化の上下関係に見立てられる。ブルース・リーが香港に止まらず、東南アジア、アメリカのマイノリティ社会ひいてはイスラム世界やアフリカでも広く人気を博したのは、政治的に周縁的な場所に追いやられた人たちがそこから抵抗のメッセージを読み取れたからである。

上半身裸のブルース・リーという映像はきわめて象徴的である。近代的な技術で武装された欧米文明の前で、非西洋文明は文字どおり裸であった。しかし、いったんその肉体に説話的な速度が加わると、たとえどんなに新鋭な武器であっても、もはや太刀打ちできない。肉体の加速度が長い歴史と古い伝統に由来するという設定を見落としてはならない。それは特定の人種、国家や文化に向ける敵意というより、むしろ「承認」を求める強い意志の現れであろう。ブルース・リーの映画は娯楽である前に、まず優れて文明論的な表現様式である。その点を見抜いたのはみごとだ。

（晶文社・二七三〇円）

あとがき

本書はここ八年来の読書の記録であり、書斎の窓から見た世界の一部分である。旧稿を読み返してみて、「アジア」に関する本を多く読んでいたことに初めて気付いた。書名を『アジアを読む』にしたのも、そのためである。ただ、それは気儘な読書の結果であって、当初から意図したものではない。

むろん、その背景には一連の時代の変化があった。ここ十数年来、アジアは大きな変貌を遂げ、アジアを観る目も、アジアに対する感情も、さらにはアジアをめぐる言説も以前に比べて大きく変容している。

そうした変化はむろん一夜のうちに起きたわけではない。書物は必ずしも社会の移り変わりをそのまま反映したものではない。しかし、活字は時代の雰囲気を映し出す鏡の一つであることはまちがいない。

アジアという言葉を使うのにはやや戸惑いがある。できれば避けたいと思ったこともある。もともと「アジア」とは欧米中心主義のまなざしのなかで生まれたもので、内部からはそのような発想は出てこない。じっさい、地理概念としての根拠が乏しく、人種的にも文化的にも共通点はほとんどない。多くの場合、ただ曖昧なイメージとして流通している。

そのようなイメージは文脈によって千変万化する。かつて欧米にとって、アジアは地域名というより、征服し支配すべき土地に向ける、まなざしの欲望であった。その場合、「非西洋的な後進性」がおそらく唯一の尺度であろう。西方から東方を眺めるとき、異なる風土、異なる宗教と異なる習俗が混在する地域をひとくくりにすること自体、文化的な優位意識の現れであろう。

日本におけるアジア観もその文脈と関係している。江戸時代にいたるまで政治生活においても、文化意識においても、アジアという観念はずっと存在していなかった。幕末明治期には地理概念というよりも、むしろ生産力のものさしとして受け入れられた。その意味では、福沢諭吉と岡倉天心のアジア観は、対立したものではなく、同じ心理の表裏のような関係である。

日本からアジアを眺めると、思考の自家撞着に陥りやすい。そもそも日本はアジアなのか。これは愚問であると同時に、すぐれて精神史の問題でもある。

大学生と会話をしていると、興味深いことに気付く。彼らは平気で「ぼく、来週アジアに行く」とか、「アジアに行くと、何となく親しみを感じる」といった言葉を口にする。彼らにとってアジアは完全に他者である。ところが、アンケートで「あなたは自分がアジア人だと思いますか」と聞くと、ほとんどの回答は肯定的である。日本はアジアのリーダーという自負は、アジアに伍することに対する心理的な抵抗とつねに同居している。言うなれば、体はアジアの内にいながらも、心はアジアの外にある。

見方を変えれば、近代日本は先天的にある種の越境性を内に抱えているといえるかもしれない。そのような境界的な立場は、たえず外に対する好奇心を刺激し、また、自己像に対する過剰な関心を引き起こしている。そのような鋭敏な感受性は当然書物からも読み取ることができる。

その意味では、私にとって「アジアを読む」とは、日本を通してアジアを見ることであると同時に、日本という鏡に映し出されたアジア像を通して、日本社会の情緒を知ることでもある。

カバー絵に周廷旭の《巴厘島《バリ》》を選んだのは、この作品にひと目ぼれしたからだ。ただ、理由はそれだけではない。本書の内容にふさわしいのも原因の一つである。詳細は付記の紹介を読んでいただきたいが、画家の周廷旭はトランスナショナルという点において、興味深い人物である。アモイで生まれ育ち、青春期に天津で西洋式の教育を受けた。ヨーロッパやアメリカに留学し、欧米でも認められるような画家に大成した。しかしついに帰郷したことはなく、七〇年代のはじめにアメリカの片田舎で生涯を閉じた。彼が生まれた故郷ではすっかり忘れられ、つい最近になってようやく受け入れられるようになった。アジアの近代国家が歩んだ道を彷彿させるような経歴である。

周廷旭のアジアを観る目はおもしろい。一九三三年の時点において、ふつうのアジア人はおそらくバリ島に興味がなかったであろう。その意味では、この島の風景を描くこと自体、西洋のまなざしの影響を受けているといえる。一方、かりに欧米人の画家なら、きっと違った描き方をしたにちがいない。境界性こそ、周廷旭の絵のオリジナリティであり、魅力でもある。

《巴厘島》の構図からもそのことが読み取れる。色の対比や濃淡は立体感や遠近感を引き立てるためのものではなく、明るい色彩は平面的に並べられている。線のあしらい方は東洋的な空間意識を想起させる。絵画の技法は確かに西洋の厳格な訓練に裏打ちされたものだ。しかし、芸術的な教養の根底においては、消しがたい東洋的な刻印がある。精確な現実模写とも、抽象画とも違った美的悟性は、明らかにその生まれた土地につながったものであろう。

洗濯物に目が止まったことは意味深い。同時代の西洋人画家はおそらくそのような場面が絵になるとは思っていなかったであろう。一方、東洋人の絵描きたちも振り向きたくないような光景である。しかし境界的な感覚を終生持っていた周廷旭は、敏感にその風景に感応し、鮮やかな色彩で描きあげた。

周廷旭はアメリカの風景を描いた作品を多く残している。北米の自然でありながら、どこか東洋的な哀愁が漂っている。《巴厘島》という絵も画家が目にした「現実」だったのかもしれない。同時に、画家の内面を照射した作品でもある。少なくとも周廷旭の幼児体験が屈折して投影されていたのはまちがいない。

本書は書評を収録した本であって、専門書ではない。だから、取り上げた分野は多岐にわたる。一口にアジアとはいっても、言及した地域はごく狭い範囲に止まっている。内容の面でも文学、芸術、映画批評、文化研究などに限られている。トランスナショナルの流れとナショナリズムの動きが拮抗している今日、欧米よりもアジアとのあいだに遠心力がかかっているのはなぜか。その点を考える上で、これまでの思索を振りかえるのは、決して無駄なことではない。各章の冒頭に簡単な年表と短い文章を配したのも、コンテクストの理解に資するためのものである。それぞれの書評がどのような社会背景のもとで書かれていたかが、一目でわかるような構成になっている。

ここに収められた書評はごく一部分をのぞいて、ほとんどが『毎日新聞』に掲載されたものである。もっとも旧いのは一九九八年にさかのぼり、最新のは昨年十月に書いたものである。その間、冠木雅夫さんをはじめ、歴代書評デスクの大川勇さん、重里徹也さん、伊藤和史さん、岸俊光さんおよび編集部員の井上志津さん、桐山正寿さん、斎藤由紀子さん、木村知勇さん、栗原俊雄さん、手塚さや香さんにたいへんお世話になった。いま一篇ずつ読み返してみると、担当者とのやり取りが思い出されて懐かしい。この場を借りて、御礼申し上げる。

この本をまとめるに当たって、山内直樹氏にはご相談に乗っていただいたり、仲介の労をとっていただいた。編集については、みすず書房の安島真一氏の手をわずらわせた。本書の構成も内容の選択も、さらには書名もすべて氏の考案によるものだ。そのアイデアがなければ、この本も生まれないであろう。本当にありがとうございました。

二〇〇六年一月

張　競

付記　カバー絵の画家・周廷旭

周廷旭は一九〇三年に中国福建省のアモイ市に生まれた。父親は敬虔なキリスト教信者で、西洋の教育に心酔していた。孫文の活動を支援したことがあり、蔣介石とも親交があった。

幼い頃から中国文化の薫陶を受けた周廷旭は、十四歳のときに天津の英中学院に入学した。一九二〇年、英中学院を卒業した後、ハーバード大学に留学。一年後、ボストン美術館の美術学院で絵画を習いはじめ、一九二三年にパリ美術学院（The Ecole des Beaux-Arts, Paris）に留学した。さらにロンドン大学を経て、一九二五年にイギリス皇室美術学院に入学した。

イギリス皇室美術学院でジョージ・クローセン（Sir George Clausen）、ウォルター・ラッセル（Sir Walter Russell）、チャールズ・シムス（Mr. Charles Sims）らの指導のもとで、本格的な西洋画創作の訓練を受けた。成績が優秀で、複数の奨学金を受けた。当時、日本で美術を習う中国人学生が多かったが、周廷旭のように欧米で厳格なトレーニングを受けた人はまだ珍しい。一九二九年クラリッジ画廊（Claridge）ではじめての個展を開き、好評を博した。翌年、優秀な成績でイギリス皇室美術学院を卒業。大英博物館の中国美術コレクション部門に就職し、責任者のローレンス・ビンヨン（Lawrence Bingon）のもとで中国美術の研究を行った。

一九三一年、中国に戻って創作を行ない、北京で個展を開いた。《紫禁城》（一九三一）はその頃の作品だ。戦争の影響で翌年バリ島に行ったが、二年後再び帰国し、上海で個展を開いた。同じ年にインドネシアやタイなどを転々とし、カンボジアのアンコールワットで写生もした。《巴厘《バリ》島》はその時期の作品である。一九三五年に香港で個展を開いてから、ヨーロッパへの旅に出た。最初はバルセロナに滞在していたが、スペイン内戦でパリに転居し、写生のためにスコットランドにも旅行した。《無題・バルセロナ付近》（一九三六）、《スコットランドのユーラ湖》（一九三八）などがその間に制作された作品である。

一九三八年、宋美齢の姪と結婚したと同時にアメリカに移住し、ニューヨークで居を構えた。四年後、ニューヨークではじめての個展を開き、美術界から高い評価を受けた。この時期にアメリカの自然を描いた作品として、《グランド・ユニオン》（一九三九）、《ニューヨーク摩天楼》（一九四〇）などが挙げられる。一九四五年、結婚生活が破綻したのを機に、コネティカットにアトリエを作り、《ニューメキシコ風光》（一九四八）、《マサチューセッツ写生》（一九五一）などの作品を残した。一九五七年、写生からの帰りに二人の若者の襲撃を受け、頭部に重傷を負った。その後、健康状況は著しく悪化し、介護を要する状態になった。

一九六二年、周廷旭は介護してくれた白人女性アンナ・バレットと結婚し、幸せな家庭を築いた。だが、それも長続きはせず、十年後の一九七二年、六十八歳でこの世を去った。一九七六年、夫人のアンナ・バレットは周廷旭のために遺作展を行ったが、翌年、ガンにかかっていることがわかり、わずか三カ月に亡くなった。二人のあいだに子供はなく、残った作品も散佚した。

周廷旭は中国の画壇との交流はほとんどなく、弟子を育てたこともない。長いあいだ、中国の美術界ではそのような画家がかつていたことすら知られていなかった。二〇〇三年二月、シアトルのフレア（Frye）博物館で「旭日の道」と題する個展が開かれた。それをきっかけに中国でも紹介されるようになった。周廷旭の死後三十一年後、誕生百周年のときである。

初出一覧

待ち望んでいた事典がついに出た　毎日新聞 1998. 4. 5
興味深い使節たちのラブストーリー　毎日新聞 1998. 5. 3
多民族共生を多角的に解き明かす　毎日新聞 1998. 5. 31
風習から思考様式の変容を読む　毎日新聞 1998. 7. 12
常識をくつがえす映画史の入門書　毎日新聞 1998. 8. 2
言語の境界を越えた語りを追いかける　毎日新聞 1998. 8. 30
漂流する魂に捧げるレクイエム　波 1998. 7. 1
幽霊はいかに人とつきあってきたか　毎日新聞 1998. 9. 27
生きる緻密な構成と見事な細部描写　毎日新聞 1998. 10. 25
風刺画から東洋のイメージを読む　毎日新聞 1998. 12. 13

巨大な渦巻きにいかに抗するか　毎日新聞 1999. 1. 24
東西の優れた知性の響き合い　毎日新聞 1999. 4. 11
激動の半世紀を生きた作家の生涯を綴る　公明新聞 1999. 4. 19
清末の官僚たちは日本をどう見たか　毎日新聞 1999. 5. 9
心のふるさとの神話を打ち破る　毎日新聞 1999. 6. 6
文化比較から生まれた鋭い批評眼　毎日新聞 1999. 7. 4
近代アメリカ史の驚くべき側面　毎日新聞 1999. 8. 29
文化批判としての中国映画論　毎日新聞 1999. 9. 19
歴史描写と幻想的現在とが響き合う　毎日新聞 1999. 10. 24
あらゆる戦争に反対する理論的根拠を探る　公明新聞 1999. 11. 8
異文化倫理への鋭い問題提起　毎日新聞 1999. 11. 21
近代日本人の心象を映し出す　毎日新聞 1999. 12. 12

日中文化が交差する現場を再現する　毎日新聞 2000. 1. 24
歴史文化的な文脈から読み解く　毎日新聞 2000. 2. 20
古典を読むことで広がる世界を見る目　毎日新聞 2000. 3. 19
多彩な質的転換が身近に読める　毎日新聞 2000. 4. 23
乱世を生きる英雄の実像にせまる　公明新聞 2000. 5. 1
道教の思弁の迷路を解き明かす　毎日新聞 2000. 5. 21
文化の多元化を生み出すプロセス　毎日新聞 2000. 6. 11
西洋への入り口から耽溺の街へ　毎日新聞 2000. 7. 10
なぜ『街道をゆく』が書かれたか　毎日新聞 2000. 9. 24

移民国家の精神を明晰な言葉で　毎日新聞 2000.10.22
浮かび上がる物語のシルクロード　毎日新聞 2000.11.19

恋歌の発生から詩の起源を探る　國學院雑誌 2000.1.15
良心の自由が奪われる過程を追う　毎日新聞 2001.2.25
謎とともに示される上海像　毎日新聞 2001.3.25
長距離通勤が書物の読み方を変えた　毎日新聞 2001.4.22
伝統にも政治思想にも断絶して　毎日新聞 2001.6.10
日本の詩歌は一本の巨木なのだ　毎日新聞 2001.8.12
民間交流をもたらした海難事故　毎日新聞 2001.9.9
宮沢賢治の世界と中国古典　公明新聞 2001.9.16
ヨーロッパ精神史の一側面をおもしろく読み解く　図書新聞 2001.9.22
明治以来の「国語改革」は何を招いたか　毎日新聞 2001.11.4
目的地のない旅をする男の心の奥に　毎日新聞 2001.11.25

楽屋裏から何が見えてきたか　毎日新聞 2002.2.10
風景はいかにして発見されたか　毎日新聞 2002.4.14
日本人の自然観に見る大陸との文化往還　東京新聞 2002.5.5
ミソとコンソメの思わぬ相性　毎日新聞 2002.5.12
消費社会の更年期を過ごすためには　毎日新聞 2002.6.9
幻覚のなかで壊れる自分をさらす　毎日新聞 2002.8.11
二千年の往来からみる隣国と日本　毎日新聞 2002.9.8
「低俗」が支えた高雅な士大夫世界　毎日新聞 2002.11.3
内からの視線でとらえた意外な一面　毎日新聞 2002.12.1

洗練された町並みを取り戻すには　毎日新聞 2003.1.12
「精神の庶民」が描いた大衆化の時代　毎日新聞 2003.3.16
壊れていく物がなぜ美しいのか　毎日新聞 2003.4.7
希代の名宰相はなぜ生まれたか　毎日新聞 2003.5.11
いまアジア観の歴史を振り返る意味　毎日新聞 2003.6.15
歴史学の接点と差異を解く　日本経済新聞 2003.6.15
絵から見た読書人の本音と建前　毎日新聞 2003.7.13
東洋的な詩文の美を投影　サンデー毎日 2003.7.27 号
現代の発端となる時代だった　毎日新聞 2003.8.10
言語の外に出た時に作家が見たもの　毎日新聞 2003.9.14
いまよみがえる在野の日本研究者　毎日新聞 2003.11.9
流れ星のような詩人の苛烈な生涯　毎日新聞 2003.12.14

路地裏に見えた新鮮な中国像　毎日新聞 2004. 1. 15
理想的な為政者像を問う　サンデー毎日 2004. 4. 4 増大号
アジア大衆文化の対流を追う　毎日新聞 2004. 5. 2
歩行者の視線で追った銀座の変容　毎日新聞 2004. 6. 6
準家族的な職業が姿を消した訳　毎日新聞 2004. 8. 8
西欧美術の多元的思考を追って　毎日新聞 2004. 10. 24
女の一生、近代台湾に映す　日本経済新聞 2004. 11. 21
歴史性と娯楽性を織りまぜた構成力　毎日新聞 2004. 11. 28

弊風破った異文化交流の双方向性　毎日新聞 2005. 1. 23
米国の内側から「日本趣味」に迫る　毎日新聞 2005. 2. 27
越境した多様な＜文体＞の変容に迫る　毎日新聞 2005. 4. 3
思考の類型化を分析した先駆的仕事　毎日新聞 2005. 7. 24
戦後日本に延びる人造国家の地下茎　毎日新聞 2005. 8. 28
秀逸なパチンコ論、流行のなかの不変　毎日新聞 2005. 10. 2
肉体に秘めた非西洋文明の意志　毎日新聞 2005. 10. 30

著者略歴

(ちょう・きょう)

1953年，上海生まれ．上海の華東師範大学を卒業，同大学助手を経て日本留学．東京大学大学院総合文化研究科比較文化博士課程修了．東北芸術工科大学助教授，国学院大学助教授を経て，現在，明治大学教授（比較文化論）．
主な著作として『恋の中国文明史』（1993年，筑摩書房）第45回読売文学賞評論・伝記賞受賞，『近代中国と「恋愛」の発見』（1995年，岩波書店）1995年度サントリー学芸賞受賞（芸術文学部門），『中華料理の文化史』（1997年，筑摩書房，ちくま新書），『美女とは何か』（2001年，晶文社），『天翔るシンボルたち』（2002年，農山漁村文化協会），『文化のオフサイド／ノーサイド』（2004年，岩波書店）．

張　競

アジアを読む

2006年2月 7 日　印刷
2006年2月17日　発行

発行所 株式会社 みすず書房
〒113-0033 東京都文京区本郷 5 丁目 32-21
電話 03-3814-0131(営業) 03-3815-9181(編集)
http://www.msz.co.jp

本文印刷所 理想社
扉・表紙・カバー印刷所 栗田印刷
製本所 誠製本

Printed in Japan
ISBN 4-622-07188-6